図説
六角氏と観音寺城

新谷和之 著

序にかえて

六角《ろっかく》氏は、宇多源氏《うだげんじ》佐々木《ささき》氏の惣領家《そうりょうけ》にあたり、中世を通じて近江守護《おうみしゅご》の地位にあった。在国時の居館はもともと平地にあったが、十五世紀後半以降、戦乱が相次ぐなかで、六角氏は繖《きぬがさ》山上の観音寺《かんのんじ》城（滋賀県近江八幡市・東近江市）へ拠点を移すこととなる。

六角氏は、日本中世史の分野では注目度の高い存在である。畿内近国では珍しく分国法《ぶんこくほう》を制定したことで知られ、戦国大名の当主と家臣の関係を探る好例とされてきた。また、分国である近江国には中世惣村《そうそん》の共有文書が豊富に残され、村の自治を前提に大名の支配がなされたことが論証できる稀有な事例となっている。この他、商業史や交通・流通史、寺院論などの分野でも六角氏の影響力をうかがうことができる。地域社会のさまざまな側面と関わらせて権力の性格を考えられるのは、六角氏研究の魅力といえよう。

戦国期の六角氏に関しては、関連する古文書や古記録が近年集成され、それに基づく実証的な研究が進んだ。六角氏は応仁《おうにん》・文明《ぶんめい》の乱《らん》以降しばらく幕府と敵対したこともあって、政治史的な観点からの分析は長らく低調であったが、最近では畿内の政治史に重要な役割を果たしたことが明らかにされ、近江南部の地域権力にとどまらない広範な活動にも光が当たりつつある。戦国期の畿内政治史は、細川《ほそかわ》・三《み》好《よし》権力論の隆盛や幕府論の見直しなどにより活況を呈しているが、六角氏はそこでの政治史叙述に不可欠な存在となっている。

観音寺城も、戦国期を代表する拠点城郭の一つとして注目されてきた。織田信長《おだのぶなが》の安土《あづち》城（滋賀県近江八幡市）に先駆けて本格的な石垣を採用したことで知られ、技術力の高さが評価されている。一方で、曲輪《くるわ》の配置は並立的であり、当主と家臣の力関係が拮抗していた様子が読み取れるという。近年では、先行する観音正寺《かんのんしょうじ》の伽藍を踏襲している面が注目され、繖山の巨岩信仰とも合わせて、城郭と聖地の関わりという観点からも研究が進んでいる。このように、観音寺城の研究は、城郭史の潮流にインパクトを与える論点を次々と提起してきた。

本書は、こうした重厚な研究史に学びつつ、六角氏と観音寺城に関する歴史を写真やイラストを交えて解説している。六章構成で、合わせて五十個のトピックからなる。おおむね時系列で叙述しているが、第五章は現存する遺構に焦点を当てており、観音寺城のガイドブック的な位置づけとしている。各トピックは相互に関連性をもたせているが、関心のあるところから読み進めていただいてもかまわない。

なお、概説書という性格上、叙述の根拠となる史料や先行研究の記載は基本的に省略している。巻末に主要参考文献一覧を掲げているので、さらに深く調べたい場合はそちらをご参照いただきたい。また、中世の人々はしばしば名前を変えており、そのタイミングが政治史的には重要となることが少なくない。だが、本書では煩雑を避けるため、最終の実名を中心に一般に通用している呼び名で統一することとした。

観音寺城は有名な城でありながら、六角氏の歴史とも関わらせてその特徴や魅力をわかりやすく解説した本がこれまでなかった。そのため、一般の認知度はそれほど高いとはいえない。すぐそばに安土城があり、そちらに注目が集まりがちなのも、メジャーになりきれない理由の一つである。このことは、信長が六角氏を観音寺城から追いやり、その旧領に自らの実績を上書きしていった歴史とも重なる。しかし、近江国支配において六角氏は信長よりもはるかに多くの実績をもち、現存する観音寺城の遺構にはそのことが象徴的にあらわれている。こうした魅力を少しでも感じ取っていただき、観音寺城の「ファン」が増えることを願ってやまない。

二〇二二年十一月

新谷和之

目次

繖山観音山畫圖

第三章　領国支配体制の確立

第四章　畿内の政局を左右する六角氏

第五章　名城・観音寺城の構造

第六章　滅亡、観音寺城のゆくえ

COLUMN

宇多天皇―敦実親王―雅信―扶義―成頼―義経―経方―行定

経方―季定―秀義

秀義の子：定綱、経高、盛綱、高綱、義清

定綱の子：広綱、定高、定重、信綱、広定（馬淵）、定厳、時綱、行綱（伊佐）

定重―尚綱（鏡）

信綱の子：重綱（大原）、高信（高島）

重綱の子：長綱、頼重、時綱

高信―泰信

泰信の子：泰氏、行綱

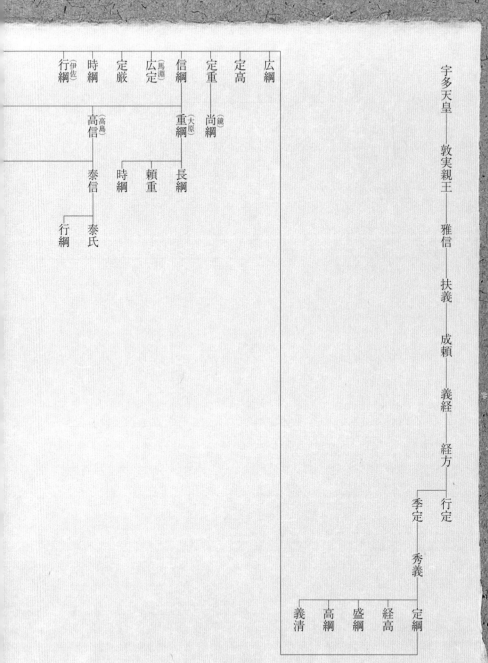

佐々木・六角氏略系図

ゴシックは六角氏当主

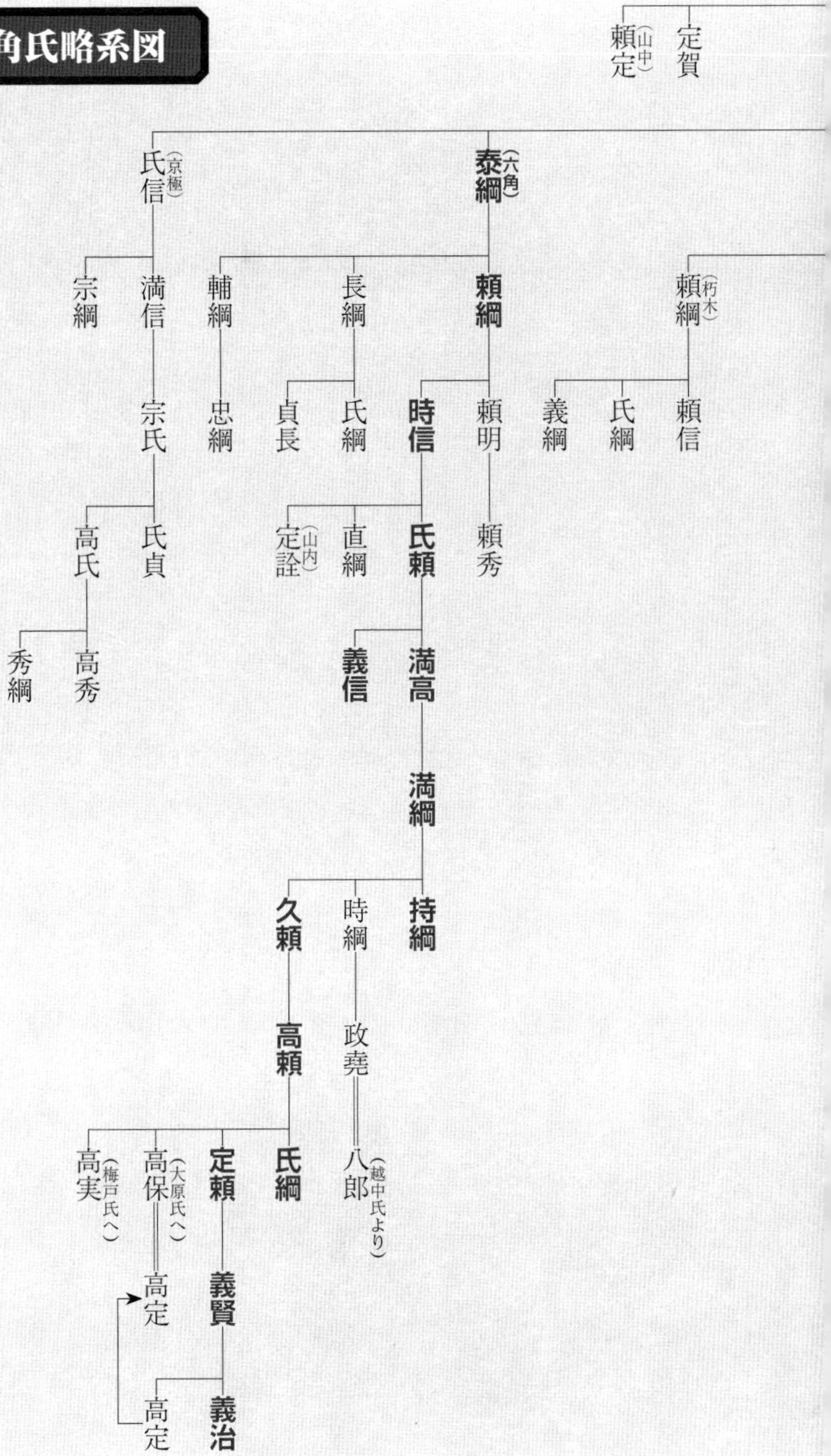

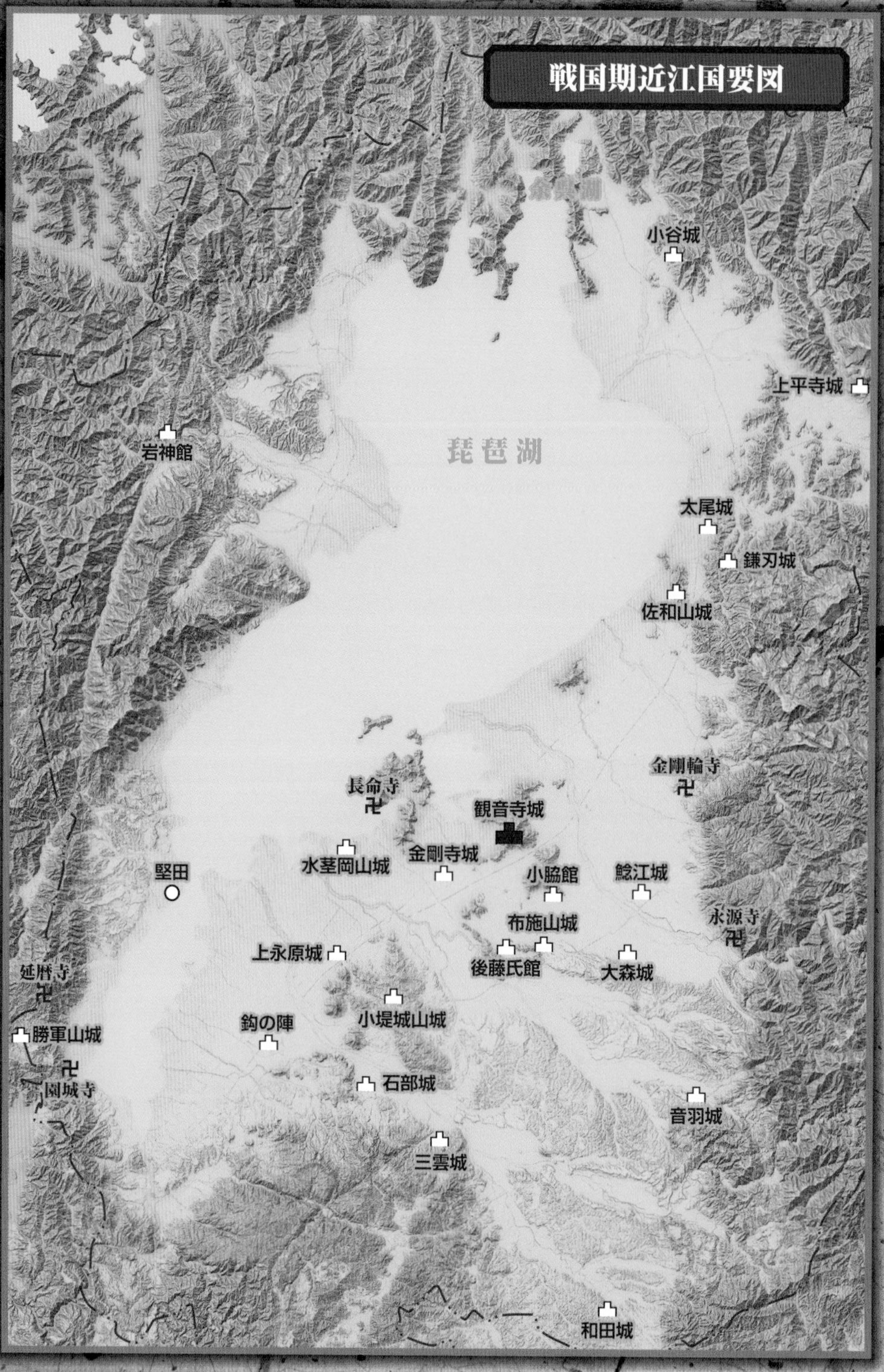
戦国期近江国要図
余呉湖
小谷城
上平寺城
琵琶湖
岩神館
太尾城
鎌刃城
佐和山城
金剛輪寺
長命寺
観音寺城
水茎岡山城
金剛寺城
小脇館
鯰江城
堅田
永源寺
布施山城
上永原城
後藤氏館
大森城
延暦寺
小堤城山城
鈎の陣
勝軍山城
園城寺
石部城
音羽城
三雲城
和田城

第一章　近江守護六角氏の歩み

現在の琵琶湖の景観

01 近江に勢力を振るった佐々木氏の惣領

六角《ろっかく》氏は、宇多源氏佐々木《うだげんじささき》氏の惣領家《そうりょうけ》にあたる。宇多天皇《うだてんのう》の皇子敦実親王《あつみしんのう》のひ孫にあたる成頼《なりより》が近江《おうみ》に土着し、佐々木氏の祖となった。近江では、佐々貴山《ささきやま》君《ぎみ》氏が先行して勢力を振るっており、佐々木荘の下司《げし》や沙沙貴《ささき》神社の神官《しんかん》をつとめていた。『吾妻鏡《あずまかがみ》』には、佐々木氏の惣領とは区別する形で「本佐々木」の名がみえ、これが佐々貴山君氏の系譜に連なる勢力であると考えられている（「本佐々木」が宇多源氏佐々木氏の本流で、その一流に連なるために他姓から改姓した勢力が後に佐々木氏の主流となったとみる見解もある）。

佐々木秀義《ひでよし》は、平治《へいじ》の乱で源義朝《みなもとのよしとも》の軍勢に加わったため、近江の所領を失うが、治承《じしょう》・寿永《じゅえい》の乱《らん》では源頼朝《よりとも》方として活躍する。秀義は甲賀郡《こうかぐん》での合戦で戦死するが、跡を継いだ定綱《さだつな》には多くの所領が与えられた。承久《じょうきゅう》の乱《らん》では、惣領の広綱《ひろつな》が後鳥羽上皇《ごとばじょうこう》方についたため処刑され、弟の信綱《のぶつな》が惣領となる。信綱の跡を継いだ三男泰綱《やすつな》は、寛元《かんげん》元年（一二四三）に長男重綱《しげつな》より所領の押領《おうりょう》を訴えられ、相伝《そうでん》した近江国散在所領を幕府に没収された。このうち大原《おおはら》荘地頭職《じとうしき》は重綱に与えられ、重綱の系統は大原氏を名乗った。また、高島《たかしま》郡内に知行を得た次男高信《たかのぶ》の系統は、後に分流して高島七頭《たかしましちとう》（西佐々木同名中《にしささきどうみょうちゅう》）と呼ばれる武士団を形成した。

泰綱の系統は、京都の屋敷が六角東洞院《ろっかくひがしのとういん》にあったことから六角氏と呼ばれるようになる。六角東洞院には、北条時政《ほうじょうときまさ》とその後妻牧《まき》の方《かた》によって将軍への擁立が画策された平賀朝雅《ひらがともまさ》の屋敷があり、その討伐に功のあった佐々木広綱が屋敷を拝領したとされている。信綱の四男氏信《うじのぶ》の系統も、京都の屋敷が京極高辻《きょうごくたかつじ》にあったことにちなんで京極氏と呼ばれた。

このように、佐々木氏は信綱の息子の代に四家にわかれる。惣領の六角氏は近江国の守護職を代々継承するが、庶子《しょし》家もそれぞれ独立した勢力を保持した。特に京極氏は、鎌倉幕府の中枢と緊密な関係を結び、六角氏に並ぶほどの勢力を誇った。こうした庶子家の自立性は中世後期にも基本的に維持され、近江国の権力構造を大きく規定することとなる。

宇治川合戦図屏風◆源義経・範頼と源義仲の軍勢が激突した宇治川の戦いで起きた、義経配下の佐々木高綱と梶原景季の先陣争いを描く。治承・寿永の乱の功で、高綱は文治２年（1186）に備前・長門の守護に任じられた　東京富士美術館蔵　東京富士美術館イメージアーカイブ / DNPartcom

宇多法皇画像◆光孝天皇の子。臣籍降下し源定省と名乗っていたが、危篤に陥った光孝が皇太子を定めていなかったため、朝議により皇族に復帰。立太子を経て践祚した。孫の源雅信は臣籍降下し、子孫は宇多源氏を称した　東京大学史料編纂所蔵模写

伝源頼朝木像◆佐々木秀義は子の定綱・経高・盛綱・高綱とともに頼朝の伊豆挙兵に従い、頼朝の勢力拡大に尽くした。頼朝は治承・寿永の内乱後、各地の守護職を与えるなど佐々木氏を厚遇している　東京国立博物館蔵　出典：ColBase（https://colbase.nich.go.jp/collection_items/tnm/C-1526?locale=ja）

02 延暦寺領だった名字の地・佐々木荘

「佐々木」姓の由来となった佐々木荘は、おおむね現在の近江八幡市域にあった。その荘域ははっきりしないが、沙沙貴神社周辺の平野部に加えて、後述する守護館が置かれた小脇《おわき》も含んでいたと考えられている。後に観音寺城が築かれる繖山（観音寺山）も、その一部であった。佐々木荘を含む蒲生郡《がもうぐん》は、近江国東部の中央よりやや南寄りに位置する。郡内にはかつて、佐々貴山君が本拠とした篠笥《ささき》郷があり、その北半分を中心に佐々木荘が形成されたとみられる。

佐々木荘は延暦寺の千僧供料所《せんそうくりょうしょ》（多数の僧侶を招いて行う千僧供養の費用を捻出するための所領）であったが、年貢《ねんぐ》などの未進《みしん》がたびたび問題となっている。建《けん》久《きゅう》二年（一一九一）、延暦寺方の宮仕法師《みやじはっし》らが佐々木定綱の邸宅に押し寄せ、未進分を責め立てた。当時、佐々木荘の下司であった定綱は在京しており、国許には子息らがいた。法師らは邸宅を放火し、周辺の人家が多く焼失したため、定綱方は数十騎の兵を率いて法師らを攻め、法師らに多数の死傷者が出る。延暦寺の衆徒《しゅうと》らは、日吉《ひえ》・祇園《ぎおん》・北野社《きたのしゃ》などの神輿《しんよ》を奉じて朝廷に強訴《ごうそ》し、定綱らの死罪を求めた。その結果、定綱は薩摩《さつま》、子息広綱は隠岐《おき》、定重《さだしげ》は対馬《つしま》、定高《さだたか》は土佐《とさ》にそれぞれ配流《はいる》となり、郎党《ろうとう》ら五人には禁獄《きんごく》の処分が下される。ところが、法師殺害の当事者であった定重は、唐崎《からさき》（大津市）辺りで処刑された。これについて、『吾妻鏡』は「不慮《ふりょ》の闘諍《とうじょう》出来《しゅったい》」による殺害と記している。

元徳《げんとく》三年（一三三一）にも、未進の催促に訪れた延暦寺の宮仕を殺害したかどで、六角時信《ときのぶ》の流罪が要求されているが、直後に元弘《げんこう》の変《へん》が起こったためか、具体的な処分は確認できない。観応《かんのう》二年（一三五一）にも、現地の宮仕に傷を負わせ、公人《くにん》を緊縛したとして六角氏頼《うじより》が訴えられている。延暦寺の衆徒は、「定綱・高信の例」に従い氏頼の遠島を要求しており、建久二年の事例が参照すべき先例の一つとされたことがわかる。だが、このときは朝廷も幕府も処罰には消極的であり、延暦寺方の勢威は薄れていた。このことは、近江国内や中央政治において佐々木一門の存在感が次第に高まっていったことを物語ってくれる。

沙沙貴神社◆もともとは佐々木氏に先行する沙々貴氏の氏神を祀っていたが、佐々木氏が佐々木荘に入部以降、敦実親王や宇多天皇を合祀するようになり、佐々木氏の氏神ともなった。代々佐々木氏の尊崇と庇護をうけている　滋賀県近江八幡市

延暦寺根本中堂◆最澄によって開かれた天台宗の総本山。近江国に鎮座し、国内に多数の荘園を保有していたこともあり、在地の権益をめぐって佐々木氏、六角氏とはたびたび対立した　大津市

江戸時代の浮世絵に描かれた佐々木盛綱◆治承・寿永の乱の最中、備前国児島に籠もる平行盛勢を攻めるため、漁師に馬でも渡れる浅瀬を尋ね、先陣を切って攻め込んだ（藤戸の戦い）。画像はその際、口封じのため漁師を殺害したとする地元の伝承をもとに描かれた　個人蔵

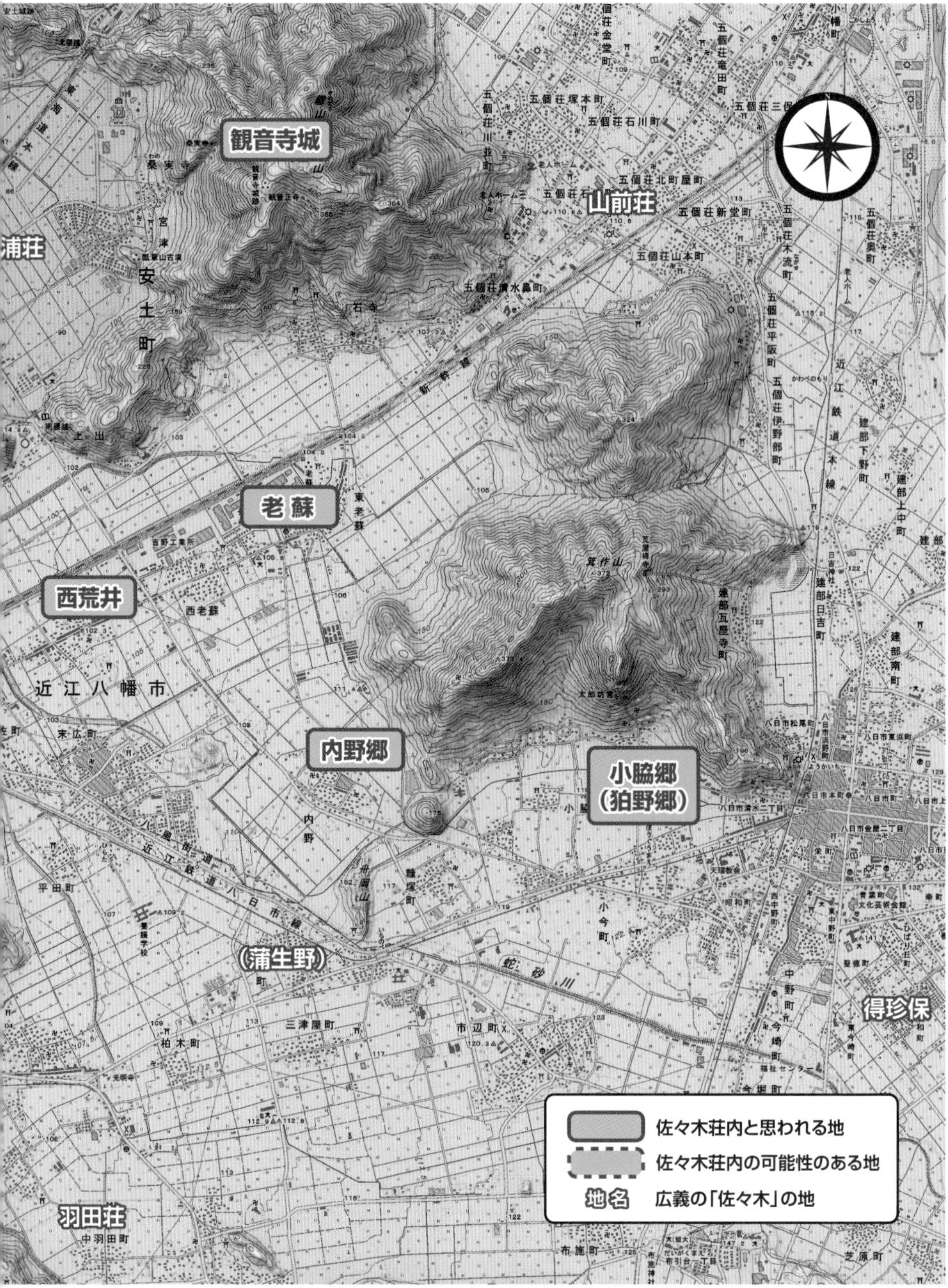
観音寺城
山前荘
浦荘
老蘇
西荒井
内野郷
小脇郷
（狛野郷）
（蒲生野）
得珍保
羽田荘
安土町
近江八幡市
佐々木荘内と思われる地
佐々木荘内の可能性のある地
地名　広義の「佐々木」の地

佐々木荘域周辺図
『能登川の歴史』ニ掲載図をもとに作成
津田南荘
船木荘
島郷
西荘
香荘
沙沙貴神社
周辺
近江八幡市
本郷
武佐
桐原郷
篠田郷
馬淵荘
鏡荘

03 守護所となった小脇館の景観と開発

近江国における佐々木氏の屋敷は、はじめは小脇《おわき》にあった。建久元年（一一九〇）、源頼朝は上洛して参《さん》内《だい》を遂げるが、その道中に小脇宿を訪れている。佐々木定綱はこれに付き従い、京中の警固などを担った。

小脇宿は蒲生野宿とも呼ばれ、鎌倉時代には東山道《とうさんどう》の宿駅の一つであった。小脇は古代の東山道からは東に外れているが、佐々木氏の屋敷があったため、鎌倉幕府が政策的に宿駅として設定したのではないかと考えられている。嘉禎《かてい》四年（一二三八）にも、将軍九条《くじょう》頼経《よりつね》が上洛の折に小脇を訪れ、佐々木信綱から歓待を受けている。

小脇の屋敷は、東近江市脇集落に比定されている。集落の南側には、「堀田」と呼ばれる細長い田地がL字状に展開している。同様に、西方の「惣田」も屋敷を囲郭《いかく》する堀の痕跡とみられる。これらを勘案すると、方二町（一辺が約一〇〇メートル）四方の不等辺四角形の屋敷割が想定できる。昭和五十四年（一九七九）の発掘調査では、幅五～十一メートルの堀跡が複数検出され、この想定を裏づける成果が得られた。出土した土器の年代は鎌倉期から室町期とされ、室町期まで何らかの利用があったことがうかがえる。

小脇の一帯は、愛知川《えちがわ》から取水される狛井《こまゆ》によって灌漑されていた。狛井は、古代に一帯をおさめていた狛長者が開削したと伝承されているが、本格的に整備したのは佐々木氏である可能性が高い。徳治《とくじ》二年（一三〇七）、頼綱《よりつな》は小脇郷と柿御薗を灌漑するために新井を整備する。興福寺《こうふくじ》は、愛知川対岸の鯰江《なまずえ》荘の灌漑が困難になるとしてこれに反発し、両者の間で相《そう》論《ろん》が起きた。ここでの新井が、現存する狛井の原型にあたると考えられている。

小脇館の堀が常時滞水していたかは定かではないが、狛井とつながっていたことは十分に想定できる。その場合、堀は屋敷の区画や防御の役割を担うと同時に、地域の開発と深く関わっていたことになる。佐々

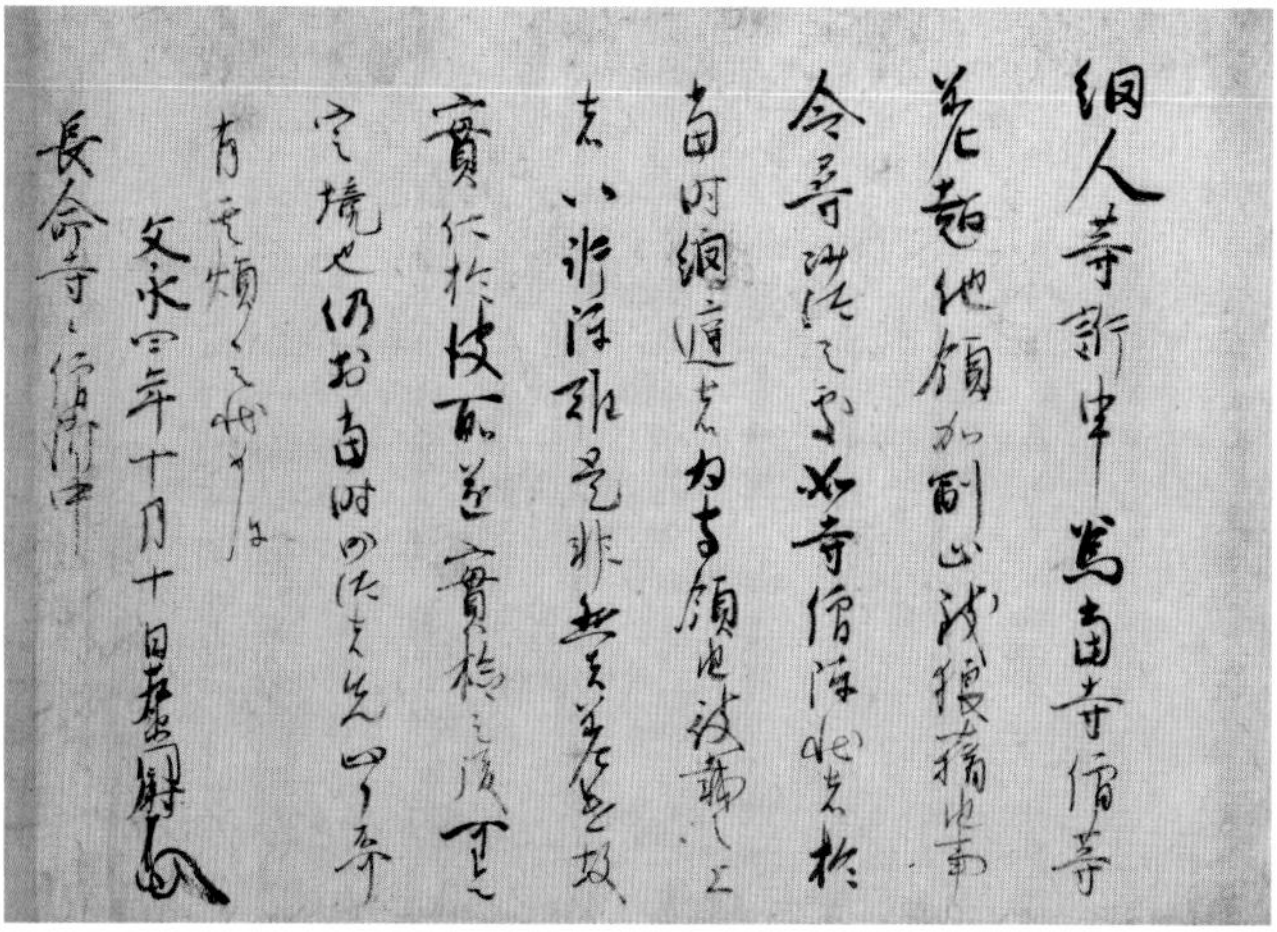

◀文永4年10月10日付佐々木頼綱書下◆文永4年(1267)、長命寺が寺領と主張する漁場について、頼綱は実際に調査をして沙汰を下すとした。鎌倉後期の相論がどのように裁定されていたのかがうかがえる貴重な史料である　滋賀県近江八幡市・長命寺蔵　画像提供：滋賀県立安土城考古博物館

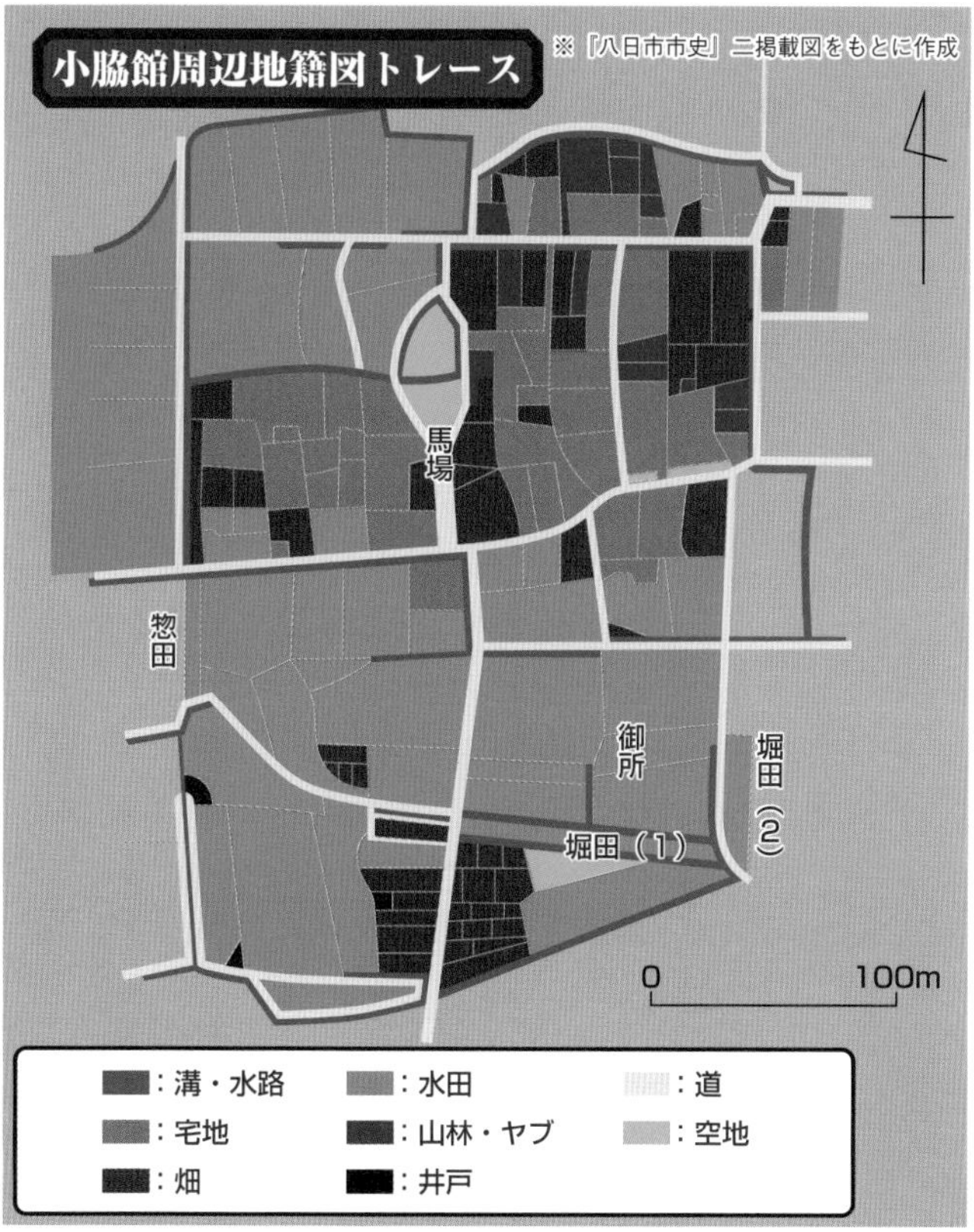

木氏は、自身の屋敷を中心として周辺の開発を推進し、
地域権力としての地保を固めていったのである。

04 西国三十三所霊場として栄えた観音正寺

観音正寺《かんのんしょうじ》（中世史料では観音寺と表記されることが多い）は、西国三十三所の三十二番札所として現在も多くの参詣者を迎え入れている。推古《すいこ》天皇の時代に聖《しょう》徳太子《とくたいし》が創建したと伝わり、本尊は千手観音である。聖徳太子がこの地を訪れた際、殺生の業《ごう》により人魚となった者と遭遇し、その求めに応じて伽藍を建立したのだという。本尊の千手観音立像とともに、人魚のミイラも伝存していたが、平成五年（一九九三）の火災で本堂とともに焼失した。

観音正寺を含む三十三所霊場は、しばしば国家鎮護《こっかちんご》の役割を期待された。嘉元《かげん》元年（一三〇三）、宇多法皇は三十三所観音霊所に誦経《ずきょう》を命じているが、そこに当寺の名もみえる。建武《けんむ》二年（一三三五）には、後《ご》醍醐《だいご》天皇の中宮禧子《ちゅうぐうきし》の安産を祈願するための誦経が執り行われ、京極導誉《どうよ》が勅使《ちょくし》として派遣された。惣領の六角氏ではなく京極氏が任にあたったのは、導誉が討幕時にいち早く後醍醐方についたためであろう。

正慶《しょうきょう》二年（一三三三）、北条仲時《ほうじょうなかとき》・時益《ときます》は光厳《こうごん》天皇と後伏見《ごふしみ》・花園《はなぞの》両上皇を奉じて近江に逃れ、観音正寺を一夜の皇居とした。次項で述べるように、南北朝期には六角方が観音正寺に籠もり、城郭として利用することがしばしばみられるが、このときは一時的な滞在にとどまったようである。文明《ぶんめい》五年（一四七三）に一条兼良《いちじょうかねよし》が付近を訪れた際には、「観音寺といふ山寺」と記しており、少なくともこのときまでは山上に伽藍を構えていたことが確実である。

現在、繖山の標高約三六〇メートル地点に広大な削平地があり、本堂以下の施設が立ち並んでいる。ただし、このエリアが造成されたのは近世以降である。現本堂域の北東には、巨岩の磐座《いわくら》群からなる奥の院があり、平安後期の摩崖仏《まがいぶつ》をみることができる。巨岩を多く抱え、広域より望むことのできる繖山は、古くから信仰の対象であったと考えられる。こうした宗教的環境のもとに、観音寺は営まれたのである。

観音正寺◆本尊として重要文化財に指定されていた千手観音立像（明応6年〈1497〉銘）があったが、平成5年（1993）の火災によって残念ながら焼失してしまった　滋賀県近江八幡市

木造千手観音立◆観音正寺旧蔵

北条仲時画像◆13代執権北条基時の子で、普恩寺流に属す。最後の六波羅探題北方。元弘3年（1333）5月、鎌倉幕府から離反した足利高氏（尊氏）の軍勢が六波羅を攻めると、光厳天皇らを伴って東国に落ちようとするも追い詰められ、蓮華寺で自害した　滋賀県米原市・蓮華寺蔵

05 南北朝期の観音寺城と軍勢駐留

観音寺城が史料上その姿を明確にあらわすようになるのは、南北朝期以降である。建武三年（一三三六）、北畠《きたばたけ》顕家《あきいえ》は陸奥《むつ》・出羽《でわ》の軍兵を率いて近江に入った。当時、「観音寺の城郭」には幼少の六角氏頼が立て籠もっていたが、北畠方の大館幸氏《おおだちゆきうじ》が攻め落とし、五〇〇人余りの敵兵を討ち取った。この知らせは、坂本《さかもと》（大津市）にいた後醍醐方を大いに喜ばせ、陣営の士気を高めた。

観応《かんのう》二年（一三五一）、足利尊氏《あしかがたかうじ》と弟直義《ただよし》の軍勢が近江で激突する。直義方の石塔頼房《いしどうよりふさ》は、伊勢路《いせじ》より近江に入り、甲賀郡の儀俄《ぎが》・高山《たかやま》らとともに六角・京極両氏を攻めた。観音寺城には、氏頼の弟直綱《ただつな》と渋川直頼《しぶかわただより》を大将とする軍勢が籠もっていたが、直義方の攻撃に堪えかねて八相山《はっそうざん》（長浜市）の陣へ逃れた。氏頼の弟山内定詮は、直義方の軍勢を観音寺城に引き入れ、広い山中に残らず陣が敷かれる。京極導誉は愛知川原に篝火《かがりび》を焚いて対陣するが、観音寺城が「究竟《くきょう》の用（要）害」であるため、尊氏に援軍を要請し、仁木義長《にっきよしなが》の軍勢が派遣された。

その後、尊氏父子の和睦をめぐって細川顕氏《ほそかわあきうじ》・畠山国清《はたけやまくにきよ》と桃井直常《もものいただつね》との間で諍いがあり、細川・畠山両氏が尊氏方に帰参すると、近江の直義陣営は瓦解し、観音寺城に籠城していた兵たちも方々へ落ち延びていった。

このように、南北朝期には観音寺に軍勢が駐留する場面がしばしばみられる。ただし、前項でみたように、少なくとも十五世紀後半までは山上に伽藍が維持されていた。南北朝期には、既存の伽藍を間借りする形で軍勢の駐留がなされ、普請（土木工事）を伴うような改変がなされた可能性は低い。

南北朝内乱を描いた『太平記《たいへいき》』は、観音寺城の堅固さを強調するが、それは地形の要害性と駐留する軍勢の多さによるところが大きく、ハード面の整備を意味するものではない。寺院を一時的に軍事利用するパターンは、戦国前期までの合戦では広く認められる。この時期の観音寺城も、そうした文脈で評価すべきだろう。

足利尊氏坐像◆室町幕府初代将軍。六角氏頼は尊氏の加冠で元服を遂げ、「氏」の偏諱を与えられている　大分県国東市・安国寺蔵

北畠顕家画像◆北畠親房の子。建武の新政下、鎮守府大将軍として義良親王とともに陸奥国に赴いた。建武2年（1335）12月、尊氏軍討伐の兵を発し、鎌倉を落としたのち上洛戦を開始した　福島県伊達市・霊山神社蔵

『義烈百首』に描かれた六角氏頼◆六角時信の嫡子。南朝との戦いではあまり目立った活躍は見られず、京極氏の陰に隠れがちであったが、京極氏による妙法院焼き討ち事件をきっかけに幕府軍としての活動が顕著になった。観応の擾乱では足利尊氏・直義の不和に苦しみ出家し、「崇永」と名乗った　個人蔵

寂室和尚坐像◆臨済宗の僧で、諡号は円応禅師。一山一寧などに師事し、元応２年（1320）には中国にわたり修行したのち嘉暦元年（1326）に帰国。永源寺のほか、永徳寺・福源寺などを開いた　滋賀県東近江市・永源寺蔵　画像提供：栗東歴史民俗博物館

浄厳院の五輪塔◆かつて浄厳院の地には六角氏頼の菩提を弔う慈恩寺があったが、兵火により焼失した。境内には氏頼の墓とも言い伝えられてきた南北朝期の五輪塔がある。なお、氏頼の戒名は「慈恩寺殿雪江崇永」　滋賀県近江八幡市

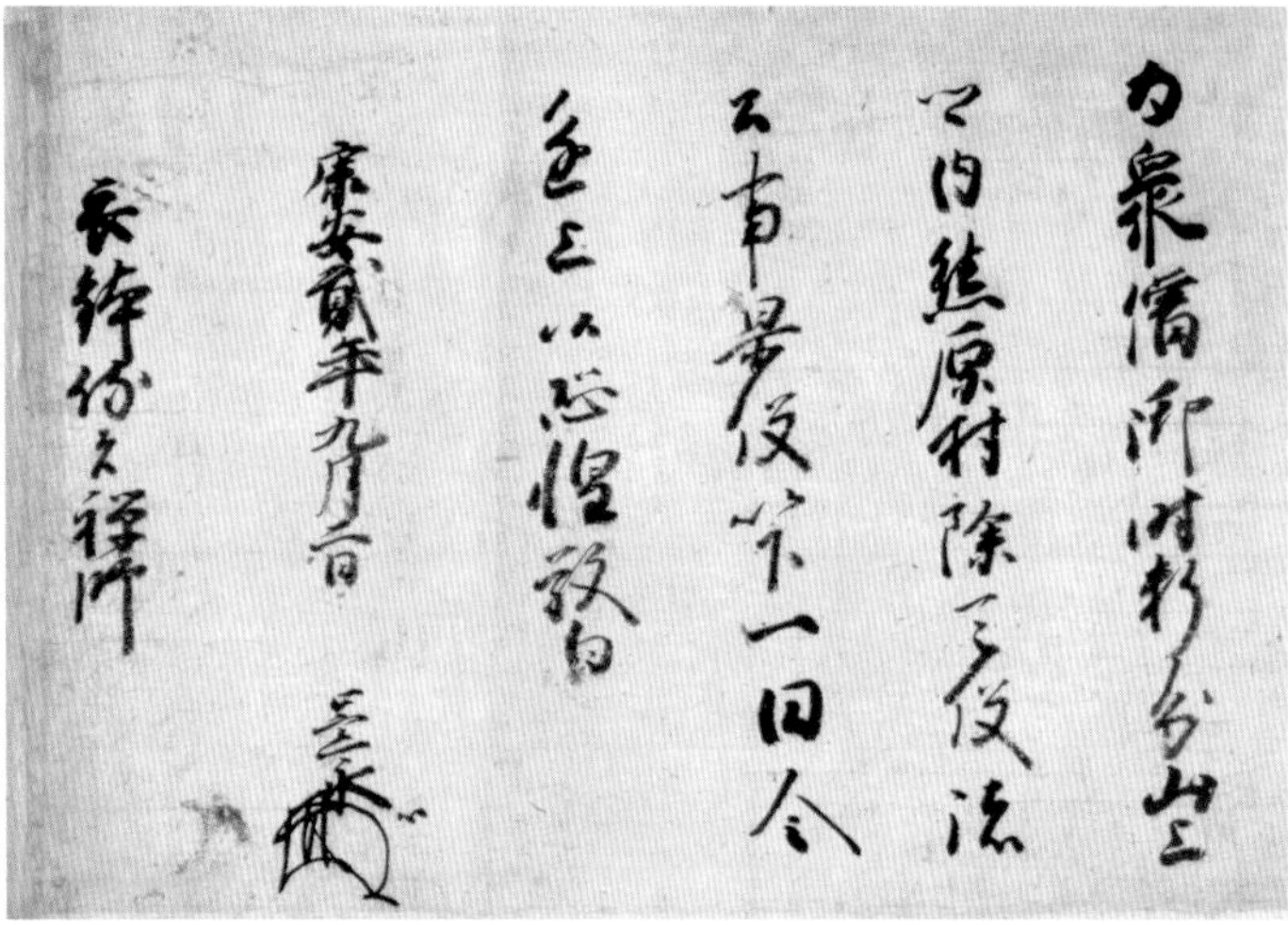

康安２年９月２日付六角崇永寄進状◆六角氏頼は観応２年（1351）に出家し、崇永と名乗る。崇永は寂室元光を開山として永源寺（東近江市）を建立し、康安元年に熊原村を寄進した　滋賀県東近江市・永源寺蔵　画像提供：栗東歴史民俗博物館

06 近江国支配の〝クサビ〟となった京極氏

京極氏は、惣領家の六角氏と並ぶ勢力を誇ったことがよく知られている。京極氏の地位を飛躍的に高めたのが、「バサラ大名」として有名な導誉（実名は高氏《たかうじ》）である。導誉は北条得宗家《とくそうけ》と深いつながりをもちながら、後醍醐方につき、後に足利尊氏に味方し、初期の室町幕府政治に多大な影響を及ぼした。六角氏の家督が不安定であったこともあり、一時的に近江国守護や「佐々木大惣領」に任じられ、一門を率いることも求められた。

京極氏は、六角氏に代わって室町幕府の命令を受けることがしばしばあった。京極氏宛の幕府文書は、同氏の所領が集中する北近江に関するものが多いことから、かつては京極氏が北近江の守護であるとみなされてきた。しかし、領主の立場で幕府の命令を受けることは珍しくなく、そのことをもって守護の職務が分割されているとみる必要はない。近江国では、六角氏が幕府の命令を受けるのがふさわしくないとみなされる場合、京極氏に命令が下ることもあった。たとえば、六角氏が案件の当事者に近い立場であれば、幕府の意向に反して命令の執行を渋ることも考えられる。それゆえ、幕府は六角氏と京極氏を使いわけることによって、命令を着実に執行させようとしたのである。

このように、京極氏は六角氏の近江国支配に対する「クサビ」としての側面をもっていたが、両者はいがみ合っていたわけではない。六角氏頼の嫡男義信《よしのぶ》が貞治《じょうじ》四年（一三六五）に早世すると、京極高秀《たかひで》の子高詮《たかのり》が猶子《ゆうし》（家督相続を前提としない親子関係）として迎えられた。応安《おうあん》二年（一三六九）、氏頼に実子（満高《みつたか》）が生まれたため、高詮は後見役となるが、実際に文書の受発給にあたり、守護と同等の役割を果たしている。庶子家が惣領家の家督継承のスペアとなることが、佐々木一門でも確認できる。

ところが、永和《えいわ》三年（一三七七）、高詮は「非法《ひほう》」を理由として後見役を解かれ、京極家に戻ることと

京極導誉画像◆佐々木宗氏の子。実名は高氏で、得宗北条高時の出家に従い自らも出家し、導誉と号した。室町幕府下では足利尊氏から絶大な信頼を寄せられ、朝廷との交渉役もつとめた。6ヶ国の守護に任じられたほか、政所執事もつとめている　東京大学史料編纂所蔵模写

なった。平成十九年（二〇〇七）から同二十三年にかけて、米原市の能仁寺《のうにんじ》遺跡で発掘調査が行われ、石垣をともなう寺院の遺構が検出された。これは、高詮の菩提寺である能仁寺の遺構とみられる。能仁寺遺跡のある柏原《かしわばら》は、京極氏の屋敷や菩提寺が建ち、戦国期以前の京極氏の本拠であった。六角家を追われた高詮は、こうして京極氏ゆかりの地に腰を落ち着けることになる。

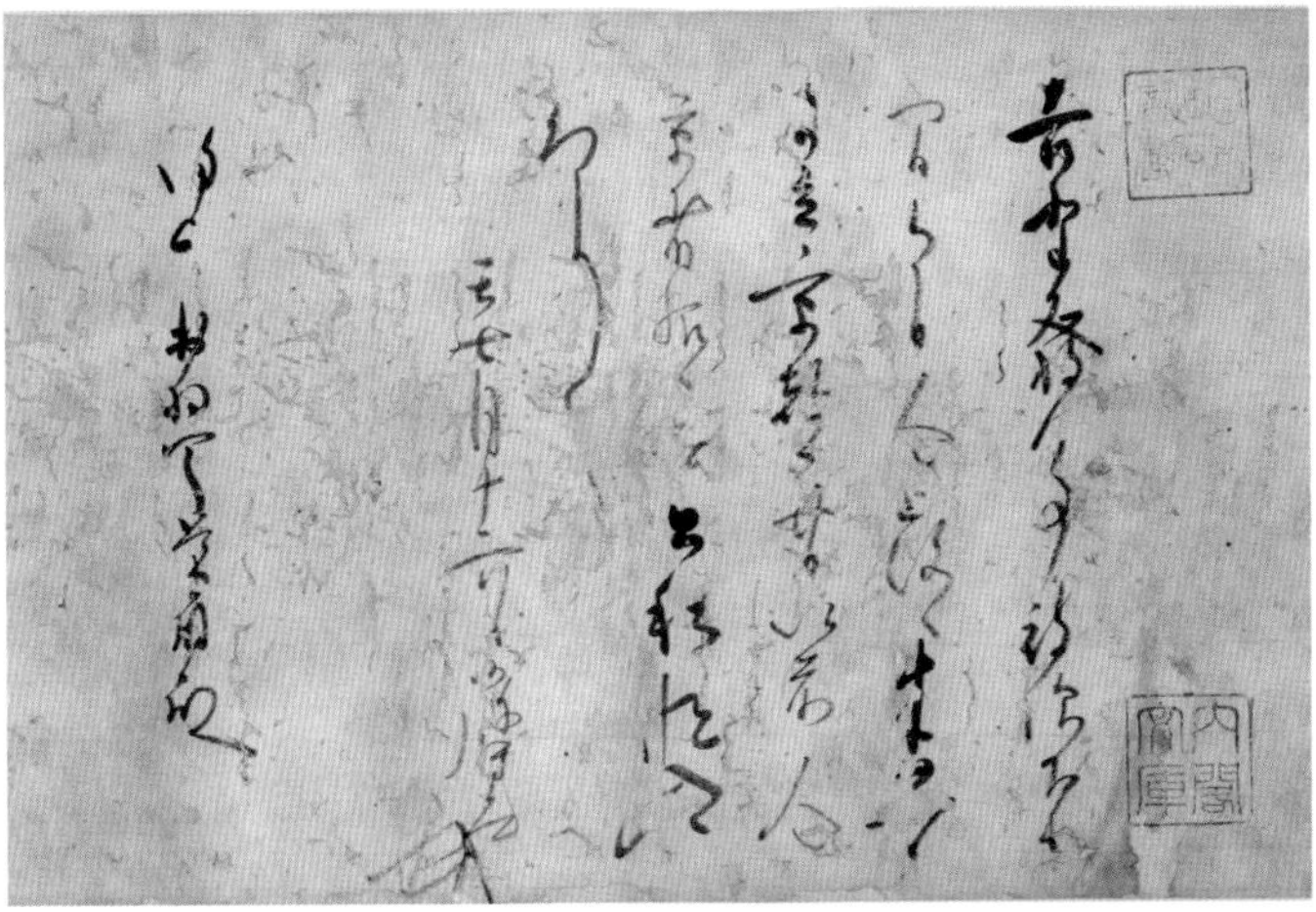

建武5年閏7月16日付京極導誉書状◆佐々木氏一族の朽木頼氏に対して、吉野出兵のために上洛を催促している　「朽木家古文書」　国立公文書館蔵

京極導誉の墓◆導誉は応安6年に近江国甲良荘勝楽寺にて死去した。戒名は「勝楽寺殿徳翁導誉」。墓がある勝楽寺（滋賀県甲良町）は導誉が雲海禅師を招いて暦応4年（1341）に建立した寺で、織田信長の兵火により焼亡したが、江戸時代に井伊家により再興された

能仁寺遺跡◆京極高詮の菩提寺とみられ、発掘調査で石垣を伴う坊院跡が検出された。「能仁寺」の名は高詮の戒名の一つ「能仁寺殿乾嶺浄高大居士」にみえる。京極家歴代の墓所である清滝寺徳源院の南側に所在　滋賀県米原市

07 将軍の逆鱗に触れ近江守護職を解任

室町時代になると、守護の職務が次第に増え、幕府の地方支配に守護が果たす役割が大きくなっていく。近江国では、佐々木の惣領家にあたる六角氏が代々守護をつとめた。家伝文書がまとまって伝存しないため、守護職がどのように継承されたのかは定かでないが、おおむね家督相続とともに守護としての活動が確認できる。それゆえ、六角氏の家督につくことは、近江一国の行政権を管掌することと実質的に同義であったといえよう。

六角氏頼の息子満高は、後見役の高詮が失脚した後、幕府から命令を受けるようになり、守護のつとめを果たしている。満高が当主についた十四世紀後半には、南北朝の内乱が終息を迎えつつあり、将軍足利義満《よしみつ》のもとで室町幕府の体制が整えられていった。六角氏の歴史のなかでも、満高の時期は政治的な混乱が少なく、比較的安定していたとみることができる。

ところが、応永十八年（一四一一）に満高は近江国の守護職を解任される。同年の飛騨国司《ひだこくし》姉小路《あねがこうじ》氏の討伐に兵を出さなかったことが、解任の理由とされている。姉小路氏は、斯波義将《しばよしゆき》の後ろ盾を得て国内の荘園を押領していたことが知られ、この討伐には斯波氏の勢力を削減する狙いもあった。満高も、近江国人《こくじん》への代替わりの当知行安堵に従わないなど、足利義持《よしもち》に対してみくびった態度をとるところがあった。そこで、新たに将軍となった義持は、飛騨国の問題と合わせて満高を厳しく処罰することにより、諸大名の統制を進めようとしたのである。

満高に代わって近江守護となった青木持通《あおきもちみち》は、守護としての活動がうかがえない。結局、満高は応永二十年末までには守護に復帰し、処分は一時的なものにとどまった。姉小路氏の討伐の主力となった京極氏は、この後飛騨国での権益を拡大させていくが、近江国の守護職は得ていない。幕府としては、六角氏と京極氏を並立させることが近江支配の安定化に不可欠であり、六角氏を排除するつもりはなかったのだろう。その意味で、満高の守護への復帰は既定路線だったのである。

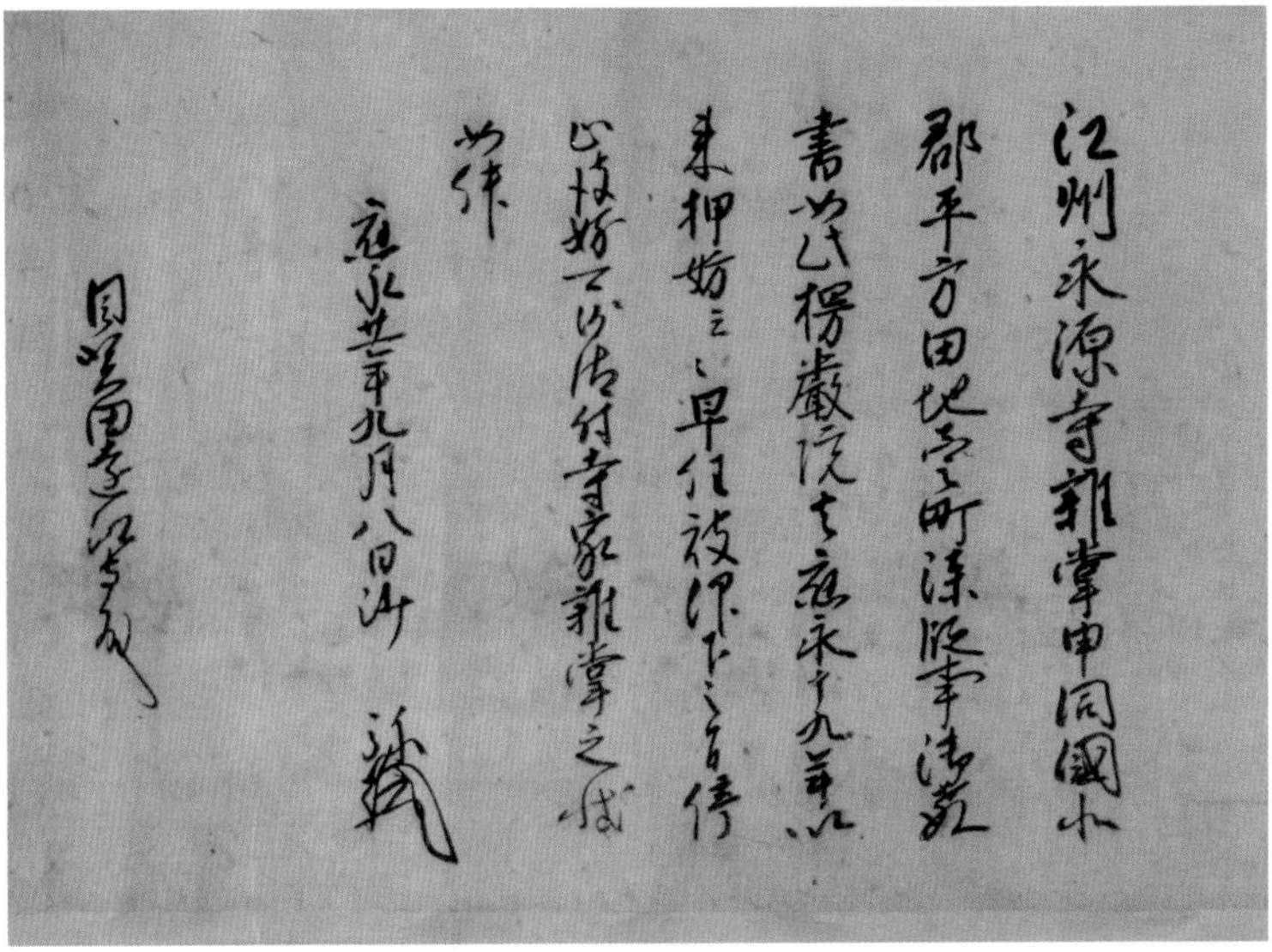

応永 21 年 9 月 8 日付六角満高遵行状◆永源寺領坂田郡平方荘一町七段に対し、延暦寺横川の楞厳院が押妨を加えた。応永 21 年（1414）、幕府は押妨を停止し、永源寺の権利を認める命令を下す。六角満高はこれを受け、家臣の目賀田氏に命令の執行を命じた　滋賀県東近江市・永源寺蔵　画像提供：栗東歴史民俗博物館

足利義持画像◆父義満の政策を否定した面が強調されてきたが、近年では両者の連続面も指摘されている。また、六角氏をはじめとする諸大名の統制を試みたことも明らかになっている　京都市右京区・慈済院蔵

08 観音寺山の用益をめぐり大騒動

十四世紀前半、観音寺山の用益をめぐる相論が勃発し、室町幕府や六角氏も関わる大きな騒動となった。観音寺城の前史を知る貴重な手がかりとなるので、以下、伏見宮貞成《ふしみのみやさだふさ》の『看聞日記《かんもんにっき》』をもとに相論の概要を紹介したい。

永享《えいきょう》四年（一四三二）、山前南荘《やまさきみなみのしょう》の百姓らが、昨年来、観音寺との間で相論となっていた山に火をつけた。すると、観音寺側の百姓らも大勢出合い、両者の間で合戦となる。こうした競り合いが繰り返され、双方に死傷者が出る事態となった。山前南荘の領主であった貞成は、六角氏が観音寺方を「贔屓」していると認識していたため、相論の解決に向けて、六角方への働きかけを幕府に求めた。

しかし、双方の実力行使はやまず、相論は長期化する。永享六年には、山前南荘の百姓が観音寺山で草刈や木の伐採を行い、六角氏が幕府へ訴え出ている。山前南荘の百姓は、山の指図《さしず》（境界を示した絵図か）を貞成方へ提出し、幕府奉行人《ぶぎょうにん》によって山堺の調査が行われた。しかし、その結果は翌年になっても披露されず、貞成は奉行人が六角方と結託しているのではないかと疑問を呈している。

永享八年、相論を決着させるために、京都の成仏寺で湯起請《ゆぎしょう》が行われる。まず山前の古老願阿《ころうがんあ》が煮え湯のなかの石を安々と取り、次に観音寺の百姓が、臆しながらも同様に石を取り上げた。その場では両人とも無事であったので、三日間寺に籠め置いて様子をみたが、特段変化はなかった。こうして湯起請では決着しなかったため、幕府から中分《ちゅうぶん》の命令が下され、結審となる。

以上、村落間の山論が幕府の法廷にもち込まれ、審理される様子が具体的にわかる興味深い事例であるが、六角氏が観音寺方に肩入れしている点は見逃せない。観音寺の百姓らがどのような存在であったかは不明だが、繖山の南麓に居住し、山上の観音寺と密接な関わりをもっていた可能性が高い。このエリアは、戦国期以降「石寺《いしでら》」と呼ばれ、観音寺城の城下町が営まれる。観音寺城・城下町整備の前提には、貞成が「贔屓」と評した、六角氏と観音寺および山麓域との深いつながりがあったといえよう。

繖山遠望◆琵琶湖の東方に位置し、滋賀県近江八幡市と東近江市にまたがる標高 432.5 メートルの山。現在はハイキングコースも整備され、親しまれている

金堂地区の町並み◆金堂地区は江戸時代には近江商人の町として発展し、現在は国の重要伝統的建造物群保存地区に選定され整備・保存がなされている

金堂馬場の五輪塔◆山前南荘は現在の滋賀県東近江市五個荘（金堂・川並・塚本・石馬寺付近）に存在した。正安２年（1300）の紀年銘があり、滋賀県内最古の五輪塔である

COLUMN

京都六角の地に置かれた守護屋敷

室町時代の守護は、管轄国の行政を幅広く担う一方で、幕臣としての立場もあり、京都での生活が基本であった。京都には、荘園の領主である貴族や有力寺社などもたくさんおり、現地でのトラブルの解決がたびたび幕府や守護に求められた。荘園制のシステム上も、守護は京都にいるほうが便利だったのである。

「六角」の名が京都での屋敷の所在に由来することは、すでに述べた通りである。六角氏の京都屋敷は、将軍家の産所《さんじょ》に指定されたことがあった。貞治四年（一三六五）、足利義詮《よしあきら》の妾北向殿の出産は氏頼の屋敷で行われることになっていたが、にわかに産気づいたため、急遽将軍邸にて執り行われた。享徳《きょうとく》四年（一四五五）、久頼《ひさより》は足利義政《よしまさ》の上臈《じょうろう》佐《さ》子局《このつぼね》の産所を仰せ付けられたが、やはり予定よりも出産が早くなり、佐子局は実家の大館《おおだち》家で女子を出産した。どちらも実現はしなかったが、こうした産所の提供も京都での重要なつとめの一つといえる。

嘉吉《かきつ》元年（一四四一）五月、通玄寺《つうげんじ》近辺での火災により、六角氏の屋敷が類焼した。同年九月には、畿内近国の土一揆《つちいっき》が徳政《とくせい》を求めて京都に押し寄せる。このとき、満綱《みつつな》は若党《わかとう》（下級の家臣か）のもとに身を寄せていたが、馬借《ばしゃく》（延暦寺の支配下にあった運送業者で土一揆の中心となった）らがその仮の宿所に押し入ったため、近江へ逃亡した。この一揆は満綱が扇動したものであると史料にみえるが、近江国内での六角方の押領行為への不満が一揆の遠因にあることを象徴的に表現したものと考えられる。これ以降、六角家では家督をめぐる内紛が相次ぎ、戦国時代には近江国内に基盤を移すことになるが、それについては次章で詳しくみることにしたい。

第二章　相次ぐ戦乱と居城の整備

六角定頼銅像◆滋賀県東近江市

01 文安の内紛、伊庭氏の台頭

六角氏は佐々木の物領家として、代々近江国の統治にあたってきたが、十五世紀中頃に深刻な危機に見舞われることになる。文安《ぶんあん》元年（一四四四）、六角持綱《もちつな》は「行儀《ぎょうぎ》・心操無道《しんそうむどう》」であると家臣たちから訴えられ、同族の大原《おおはら》氏のもとに逃れた。持綱は、嘉吉の徳政一揆の責任をとって失脚した満綱に代わって家督につく。しかし、その振る舞いに問題があり、家臣たちの信頼を失ったようである。

近江に没落した家臣たちは、持綱の弟時綱《ときつな》を擁立し、翌年、満綱・持綱父子を自害に追い込んだ。ところが、幕府は時綱の家督を認めず、相国寺《しょうこくじ》で僧籍にあった持綱の弟（久頼）を還俗《げんぞく》させ、家督につけた。文安三年、久頼は時綱を飯高山《いいだかやま》（東近江市）に攻め、時綱と千人余りの家臣が自害した。

この一連の騒動は、守護家の家督が幕府と家臣団の双方の認定により存立するものであったことを示している。最終的には、幕府の支持を受けた久頼が当主となるが、家臣たちがみな時綱を推戴していたわけではないだろう。反持綱の一揆に参加しなかった家臣たちには、幕府の方針を受け入れる余地が大いにあったものと思われる。

この頃から、家臣の伊庭《いば》氏の活動が目立つようになる。それまで六角氏権力内では、複数の守護代が文書の受発給にあたり、分国支配を担ってきた。だが、内紛後の権力再編により、こうした方式は立ち行かなくなり、伊庭氏がさまざまな役割を一手に担うようになった。伊庭氏は十六世紀前半に排斥されるまで、権力の中枢にあり続ける。

久頼は、康正《こうしょう》二年（一四五六）に突然自害する。京極持清《もちきよ》との確執が原因とされているが、同時代史料からは詳細をうかがうことができない。久頼の息子に高頼《たかより》がいたが、長禄《ちょうろく》二年（一四五八）、時綱の遺児政尭《まさたか》が幕府の意向で家督を継ぐこととなる。ところが、政尭は伊庭氏の子を殺害したとして長禄四年に家督を追われ、高頼が家督を継承した。内紛時の時綱と久頼の対立が次の世代にも影を落としており、伊庭氏が久頼・高頼方であったことが読み取れる。

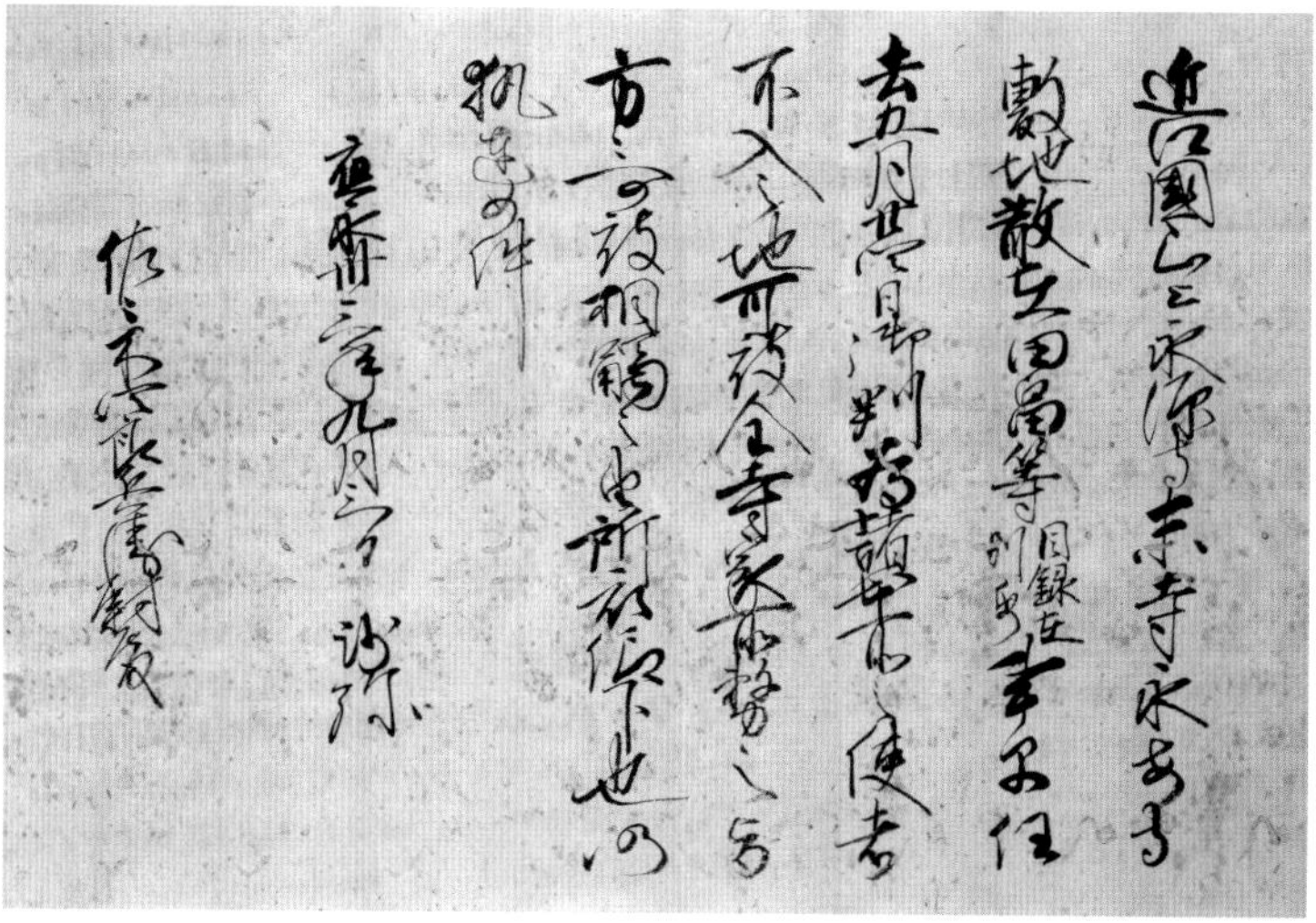

応永33年9月3日付管領畠山満家施行状案◆応永33年（1428）、幕府は永源寺末寺永安寺の所領を本所使者不入の地とした。宛所の佐々木四郎兵衛尉は、六角満綱である。四郎は、六角氏の家督が代々名乗る仮名である　滋賀県東近江市・永源寺蔵　画像提供：滋賀県立安土城考古博物館

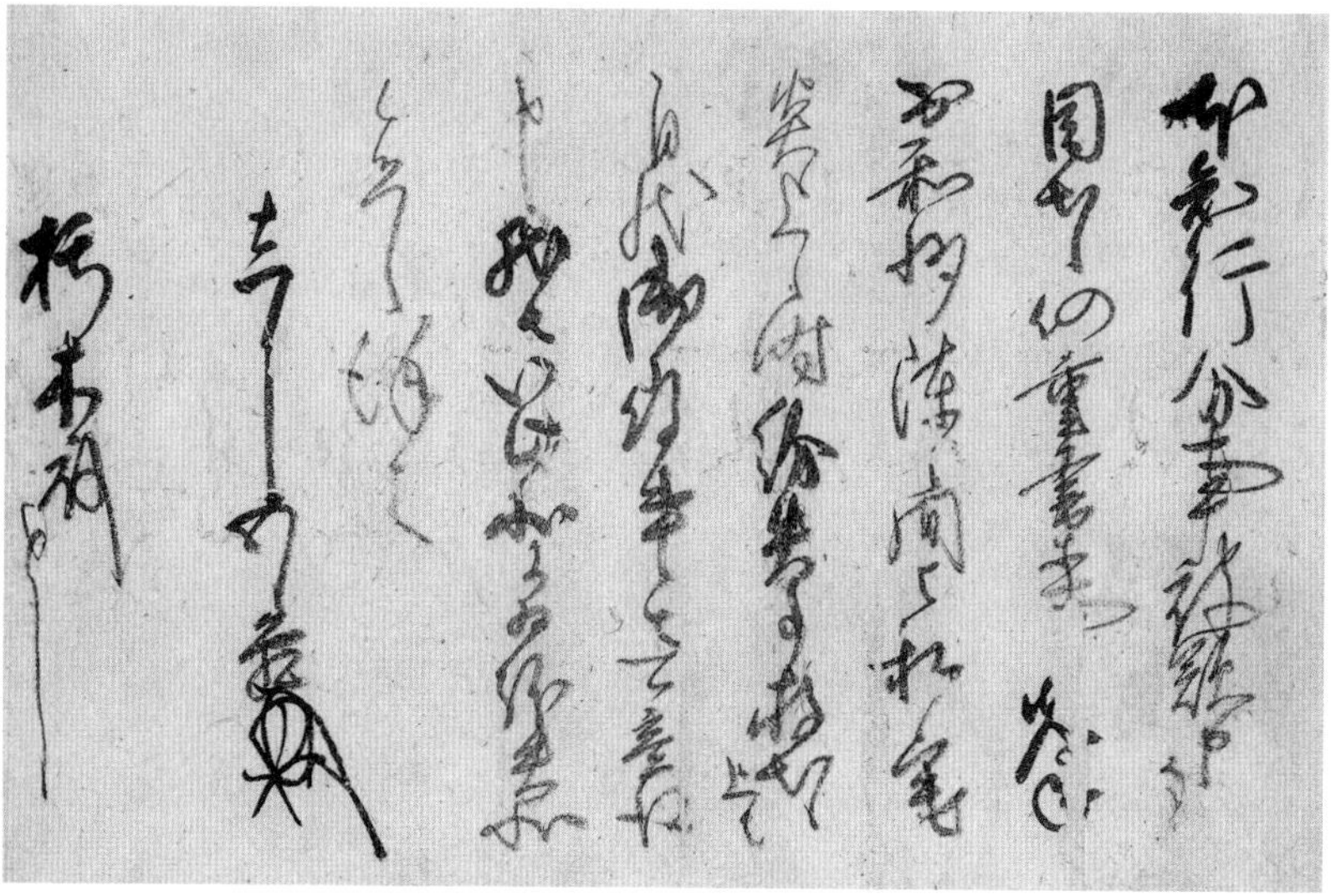

（享徳2年）12月5日付六角久頼書状◆先年、朽木高親が大和国に在陣中、私宅が炎上し、証文類も一緒に焼けてしまった。久頼はそれを証明する文書を享徳2年（1453）に発給している　「朽木家古文書」　国立公文書館蔵

02 応仁・文明の乱で分裂する佐々木一門

応仁《おうにん》元年（一四六七）、日本史上有数の大乱である応仁・文明《ぶんめい》の乱が勃発する。六角高頼は、山名持豊《やまなもちとよ》（宗全《そうぜん》）の率いる西軍に加わり、当初は京都の軍事行動に参画していた。しかし、国内で敵対する軍勢が蜂起したため下向し、活動の中心を近江に移す。

近江国では、京極持清と六角政堯が東軍方であった。足利義政は当初、政堯に幕府の命令を伝達するが、文明元年（一四六九）には持清を近江守護に任命し、政堯の立場は危ういものとなる。翌年、持清が亡くなると、政堯は再び国内の諸勢力の結集核として義政から期待された。だが、文明三年、政堯は清水《しみず》城にいたところを高頼方に攻められ、三井又五郎《みついまたごろう》・伊庭活阿《かつあ》らとともに切腹する。

文明五年には、東西両陣営を率いてきた細川勝元《ほそかわかつもと》・山名持豊がともに没し、翌年には細川政元《まさもと》・山名政豊《まさとよ》の間で和睦が成立する。このように和平の機運が高まるなか、高頼は延暦寺に寺領を押領しないことを申し入れ、足利義政へ恭順の意思を示すなどして、体制への復帰を図った。しかし、延暦寺は文明七年に京極政《まさ》経《つね》とともに高頼を攻めている。高頼は、美濃土岐《みのとき》氏・尾張斯波《おわりしば》氏の支援を受け、これに打ち勝った。文明九年に乱は終息し、翌年、高頼は幕府から赦免された。

有力守護家の家督争いが、応仁・文明の乱の主要な対立軸の一つであることはよく知られている。六角氏の場合も、高頼と政堯が東西にわかれて戦ったが、これは文安の内紛以来の対立を引きずったものといえる。さらにいえば、六角氏も京極氏も佐々木の一門であり、近江国での戦いは一門同士のヘゲモニー争いという側面ももっていた。歴史的に蓄積されてきた一族間の諸矛盾が結び付き、全国的な争乱へと発展したのが応仁・文明の乱なのである。

この戦乱の過程で、六角氏やそれに味方する武士たちは国内の荘園を数多く押領し、既得権益を拡大していった。こうした傾向は全国的なものであるが、京都に近く、生産力の高い近江での権益は、中央の荘園領主たちにとってとりわけ重要なものであったと思われる。この問題は乱後も尾を引き、やがて六角氏を窮地に陥れることとなる。

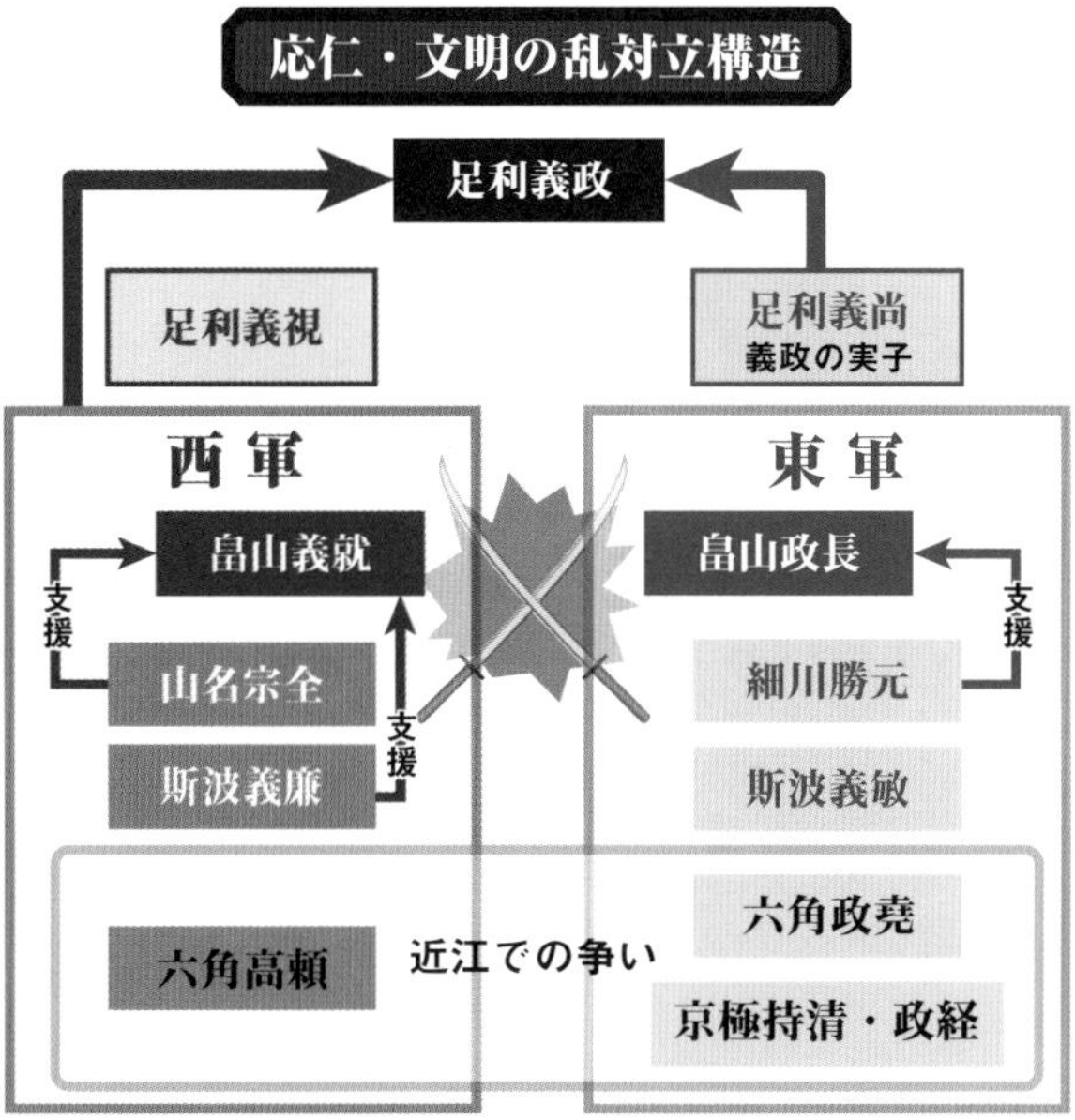

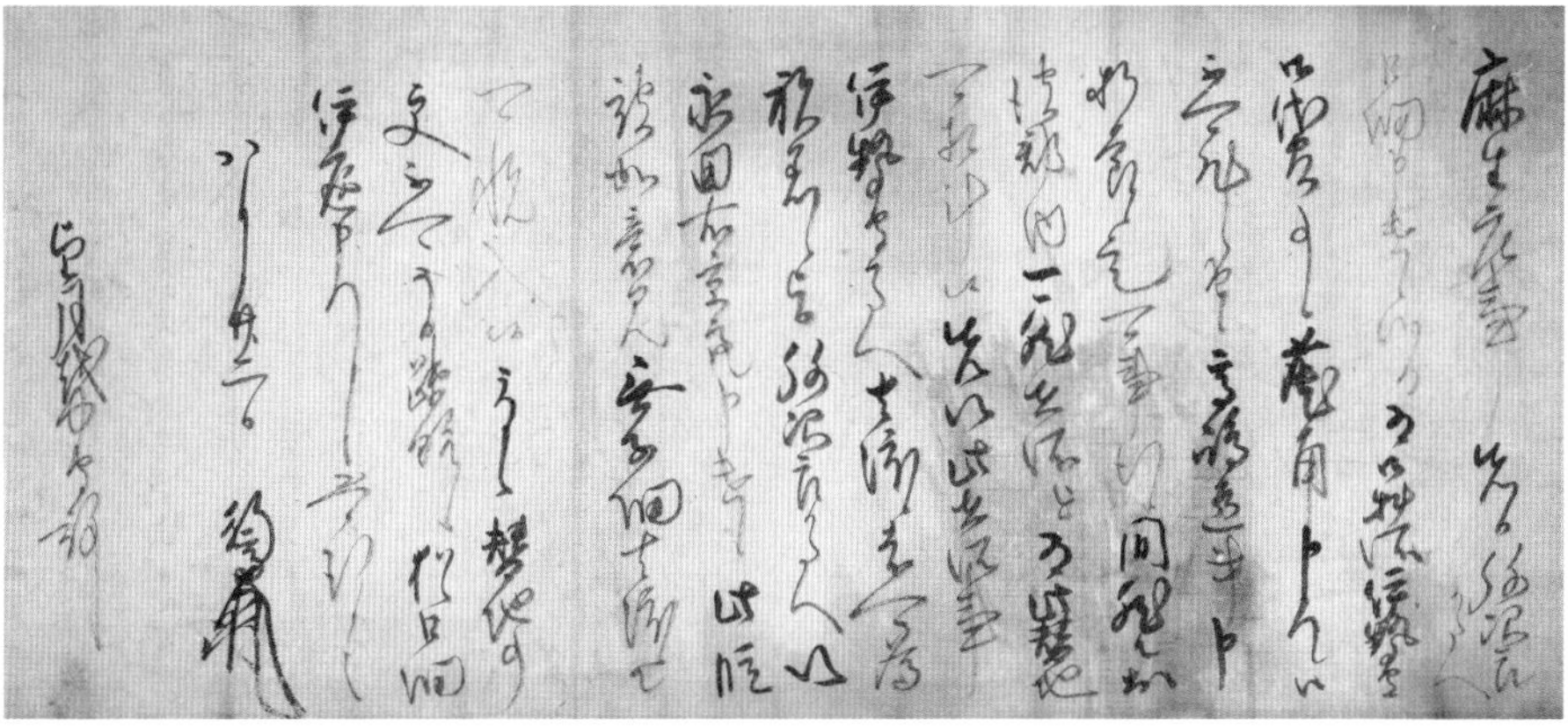

8月22日付六角行高（高頼）書状◆望月氏に対して、蒲生郡麻生荘の替地として高島郡内の所領を与えることを伝えている。高頼ははじめ行高と名乗った　敦賀市立博物館蔵

03 戦乱でたびたび落城した観音寺城

応仁・文明の乱では、観音寺城がたびたび合戦の舞台となっている。応仁元年（一四六七）、六角高頼・山内政綱《やまうちまさつな》の在京中、伊庭雪隆《ゆきたか》が観音寺城の留守をつとめていたところ、京極持清に攻められて討ち死にしたと『江濃記《ごうのうき》』は記している。軍記物《ぐんきもの》ゆえに検討を要するが、六角氏の在京中に敵方の蜂起があったことは同時代史料でも確認でき、ありえない話ではないだろう。

応仁二年には、観音寺城は少なくとも二度にわたり落城している。三月には、高頼ら近江の西軍方が籠もる観音寺城を京極勝秀《かつひで》が攻め落とし、兵営を焼き払う。十月から十一月にかけて、京極持清は再び観音寺城を攻めた。高頼は自ら城を焼いて没落し、籠城していた兵二十三人の首が城下に降ろされた。このとき、高頼方は守山《もりやま》にも陣を敷いていたが、政尭に二千もの兵で攻められ、家臣の馬淵《まぶち》・下笠《しもかさ》・楢崎《ならさき》らが自害している。

文明元年（一四六九）八月には、京極方の多賀高忠《たがたかただ》が簗瀬《やなぜ》（東近江市）と観音寺城を攻めた。同年の七月末には、高忠は押立城（東近江市）を攻め落としており、北東方面より観音寺城へ徐々に近づいている様子がうかがえる。なお、『江濃記』には、五月に高忠が観音寺城を攻めあぐねたことが記されているが、これが八月の合戦を指すのか、あるいは別に合戦があったのかは定かではない。翌年二月にも観音寺の馬場で合戦があり、高頼方の杉山藤五《すぎやまとうご》が討ち死にしている。

このように、乱中に観音寺は高頼方の軍事拠点としてしばしば取り立てられた。しかし、史料からみる限り、籠城戦により敵の攻撃を退けたことはなく、難攻不落のイメージにはほど遠い。そもそも高頼自身が、敵の攻撃に堪えかねて城を捨てており、観音寺を最終決戦の場とはみなしていなかったようである。

観音寺は、少なくとも文明五年時点では「山寺」と認識されており、乱時の観音寺城は、既存の寺院空間を大きく改変するようなものではなかったと考えられる。その点では、南北朝期との共通性が認められるが、南北朝期に比べて軍事利用の頻度が高まっていることは注目される。六角氏は、観音寺へ頻繁に在陣するなかで、本格的な軍事拠点の整備を次第に構想していったのだろう。

簗瀬城跡◆築城年代は不明だが、簗瀬氏によって築かれたとされる。土塁の一部が残存している　滋賀県東近江市

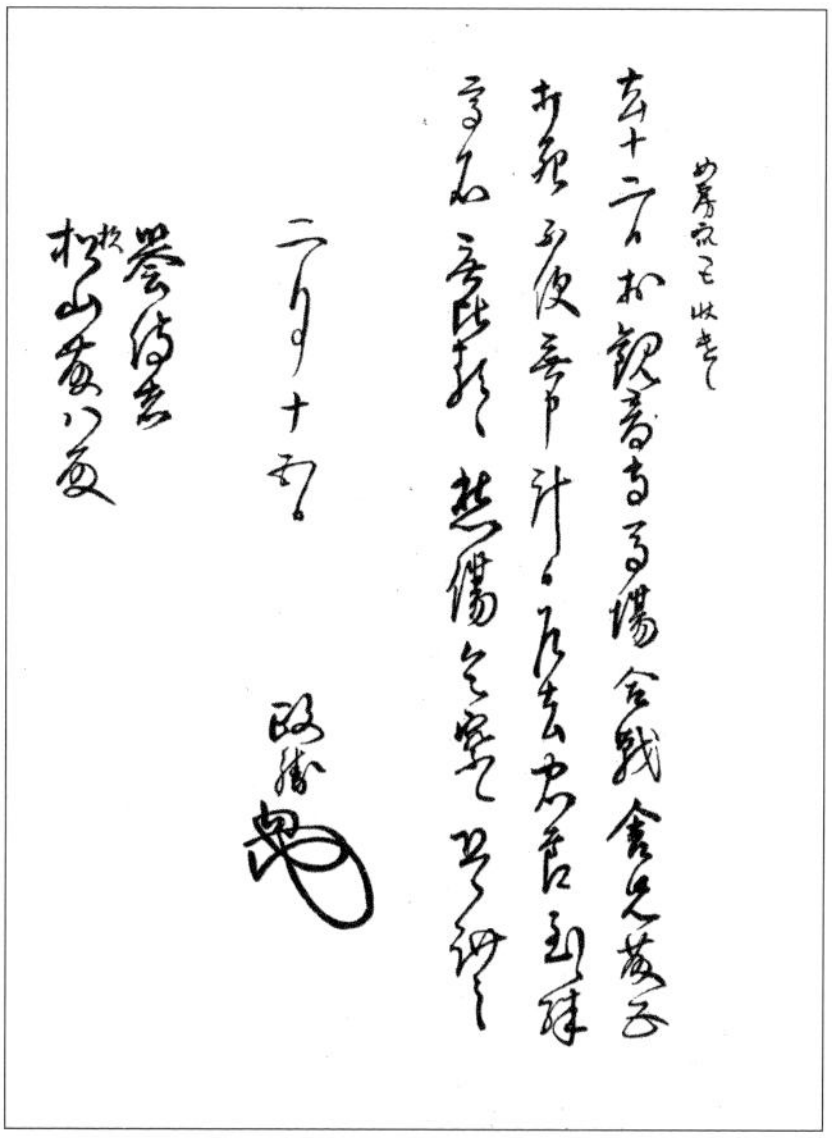

2月15日付け六角政勝書状写（『古証文』四）◆観音寺馬場合戦で杉山藤五が討ち死にしたことを賞した感状の写。政勝は「御屋形様」とも称され、六角氏の一族とみられるが、詳細は不明　東京大学史料編纂所蔵謄写本

多賀高忠画像◆京極氏の重臣で、持清・政経の二人の当主を支えた。室町幕府侍所所司代を２度つとめ、名所司代として評価が高い。武家故実にも明るく、弓術書『高忠聞書』を著した　東京大学史料編纂所蔵模写

04 足利義尚による第一次六角征伐

応仁・文明の乱後、六角高頼は押領した荘園の返還を再三幕府から命じられるが、なかなか実現には至らなかった。それは、六角氏の意向だけでなく、家臣や配下の武士たちの意向によるところが大きかったと思われる。彼らは、戦乱時に獲得した既得権益を守るため、六角氏のもとに結集した。高頼はそうした下からの突き上げを尊重せざるをえず、幕府の命令にすんなりと従うわけにはいかなかったのだろう。

そこで、将軍足利義尚《よしひさ》は、押領された荘園の返還を目的として、長享《ちょうきょう》元年（一四八七）に自ら兵を率いて近江に攻め入る。高頼は、義尚とまともに戦うことなく、観音寺城を捨てて甲賀・伊賀《いが》の方面へ逃れた。義尚は、鈎《まがり》（栗東市）の安養寺《あんようじ》へ陣を置き、後に下鈎の山徒《さんと》（延暦寺に仕える在俗の勢力）真宝《しんぼう》の館へ陣を移した。義尚は、回復した荘園を近習に与えようとしたり、結城尚豊《ゆうきひさとよ》を近江守護に任命するなどして、近習を優遇した。これにより、諸大名の支持を集められなかったことが従来は強調されてきた。だが、近年では武家の棟梁としての本来的なあり方を取り戻すための軍事行動として再評価されつつある。

しかし、肝心の六角氏本隊はなかなか姿をみせず、潜伏中の伊賀で国人を手なずけ、近江に攻め入るのではないかと噂されていた。在陣が長期にわたり、厭戦《えんせん》のムードが漂うなかで、義尚は体調を崩し、延徳《えんとく》元年（一四八九）に陣中でその生涯を終えた。義尚の死後、幕府軍は速やかに撤兵し、同年八月には荘園の返還を条件として、高頼の赦免が決定された。

以上が第一次六角征伐のあらましである。ここでも観音寺城は抵抗の拠点とはならず、甲賀・伊賀へ逃れて正面衝突を避け、出撃のタイミングを図るのが六角氏の基本的な戦争のパターンといえる。このことは、両地域に六角氏の軍事的な基盤があったことを示唆している。甲賀郡では、第一次六角征伐時に高頼に味方したという由緒をもつ二十一家や五十三家のまとまりがよく知られている。ただし、これらは近世以降の言説であり、戦国期にどこまでさかのぼることができるかは慎重に判断する必要があろう。

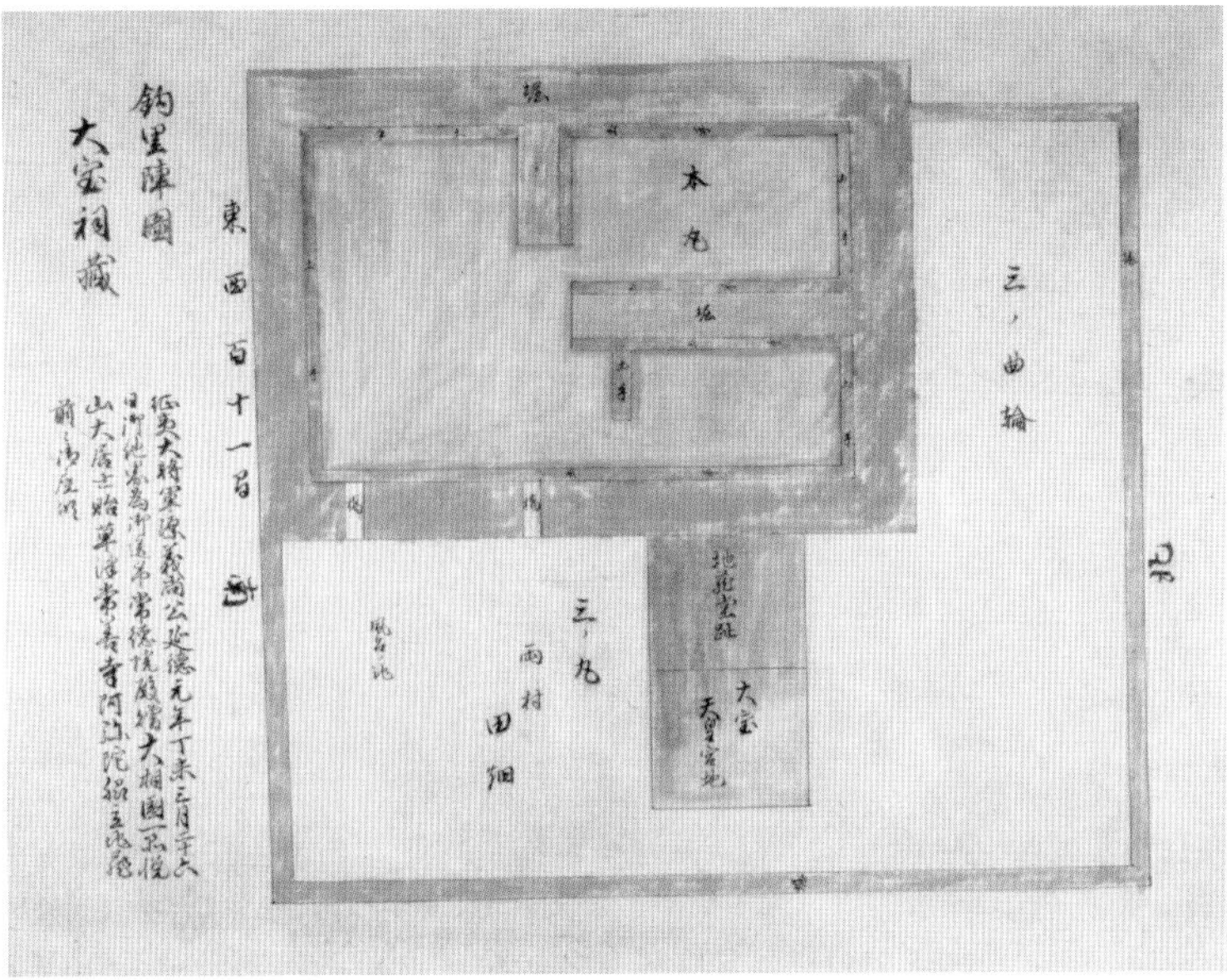

鈎里陣図◆『近江栗太郡志』で紹介された大宝神社蔵の図を写したもので、足利義尚が在陣した真宝の館を描いたものとされる。水堀や土塁、本丸、三ノ丸等が描かれている。鈎の陣は義尚の没後に焼き払われ、現在の永正寺の辺りがその場所といわれる　栗東歴史民俗博物館蔵

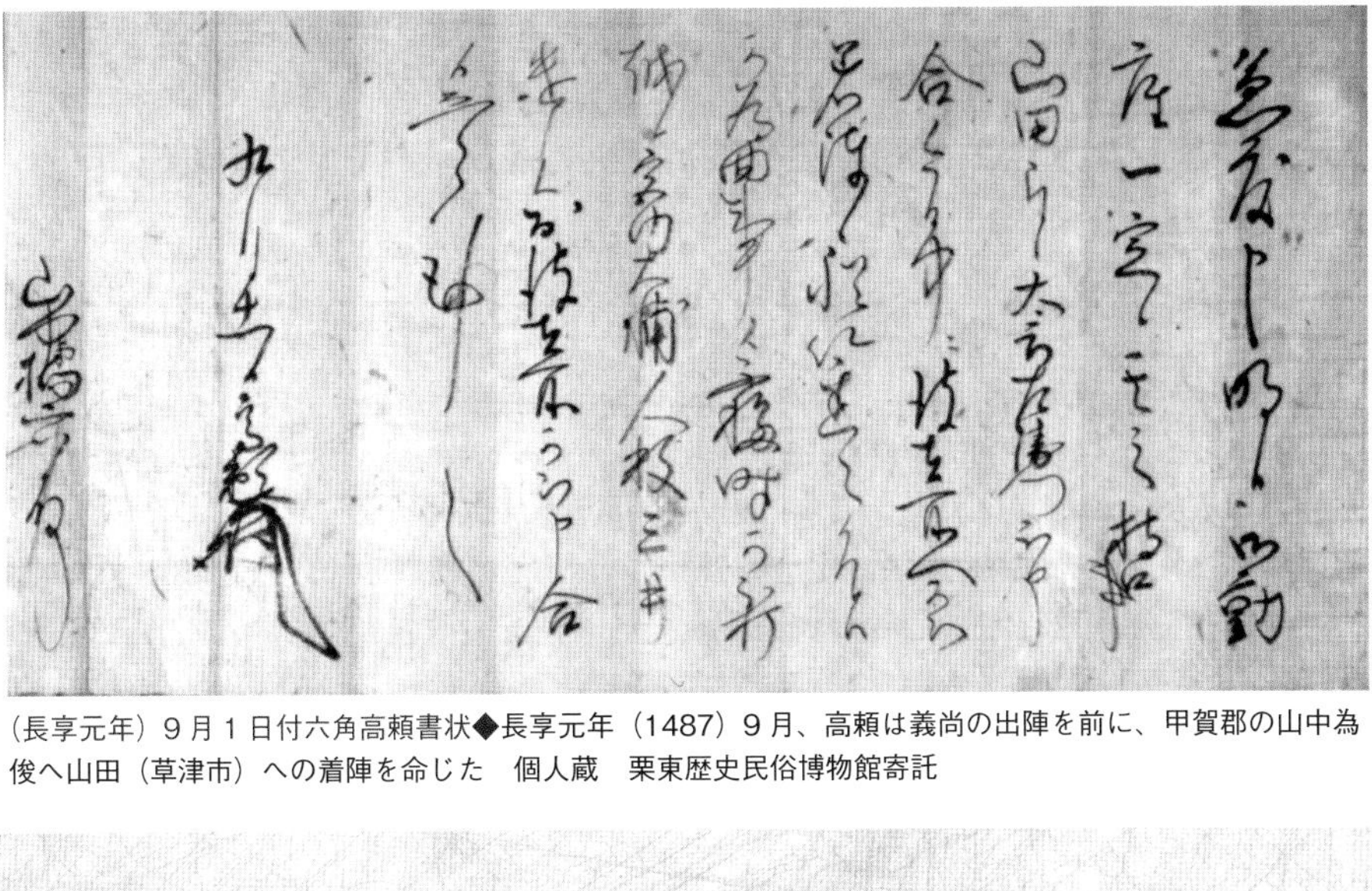

（長享元年）９月１日付六角高頼書状◆長享元年（1487）９月、高頼は義尚の出陣を前に、甲賀郡の山中為俊へ山田（草津市）への着陣を命じた　個人蔵　栗東歴史民俗博物館寄託

05 足利義稙による第二次六角征伐

押領した荘園の回復は果たされず、六角氏は再び将軍の征伐を受けることになる。延徳三年（一四九一）、足利義稙《よしたね》は多数の大名を引き連れて近江に進出し、三《み》井寺《いでら》光浄院《こうじょういん》（大津市）に陣を定めた。観音寺や金剛《こんごう》寺《じ》（近江八幡市）での合戦で六角高頼は敗北し、甲賀郡辺りに行方をくらます。近江守護には細川政元《まさもと》が任命され、その家臣安富元家《やすとみもといえ》が近江南部を制圧した。高頼の重臣山内政綱は義稙方に出仕するが、浦上則宗《うらがみのりむね》・織田敏定《おだとしさだ》により誅殺された。

翌年、高頼は本拠の奪還に向けて挙兵し、安富のいる金剛寺の陣と簗瀬にあった若槻《わかつき》（安富の弟）の陣を攻めた。安富は金剛寺から観音寺へ陣を移し、織田敏定ら将軍方の軍勢とともにこれを鎮圧する。高頼は目《め》賀田《かた》・三井・楢崎・九里《くのり》・簗瀬ら三〇〇人余りを失い、再び甲賀に逼塞する。義稙は甲賀郡への出撃を決め、金剛寺へ陣を移した。この年の暮れ、義稙は越中《えっちゅう》氏の息子を六角政堯の猶子とし、近江守護に任命した。越中氏は高島七頭の一家であり、佐々木氏の一門である。こうして近江支配の体制を固めた義稙は、京都に戻り、年が明けると河内国の畠山基家《はたけやまもといえ》の討伐に乗り出した。

義稙による第二次征伐は、細川政元の懐柔など事前の根回しもあって、第一次に比べて圧倒的に多くの大名を動員することができた。その結果、在陣中は六角方勢力の封じ込めに成功し、おおむね思惑通りにことが運んだといえるだろう。だが、高頼の捕縛はついに叶わなかった。従軍した大名たちは、高頼の潜む甲賀郡は「難所」であると認識していたため、郡内に敵対する勢力はいないといって撤兵を申し入れている。こうした厭戦ムードもあって、義稙は志半ばでの開陣を余儀なくされたのである。

明応《めいおう》二年（一四九三）、義稙が河内に在陣している間に、京都では細川政元が義澄《よしずみ》を新たな将軍に据えるクーデター（明応の政変）が起きた。義稙は一時京都

延徳３年12月11日付室町幕府奉行人連署奉書◆延徳３年（1491）12月、幕府は安富元家に対して、永源寺とその寺領の山中へ竹木を賦課することをやめるよう命じた。竹木伐採の禁止は、戦時に発給される禁制にも頻出する。軍事物資としてしばしば竹木が徴発されたのだろう　滋賀県東近江市・永源寺蔵　画像提供：栗東歴史民俗博物館

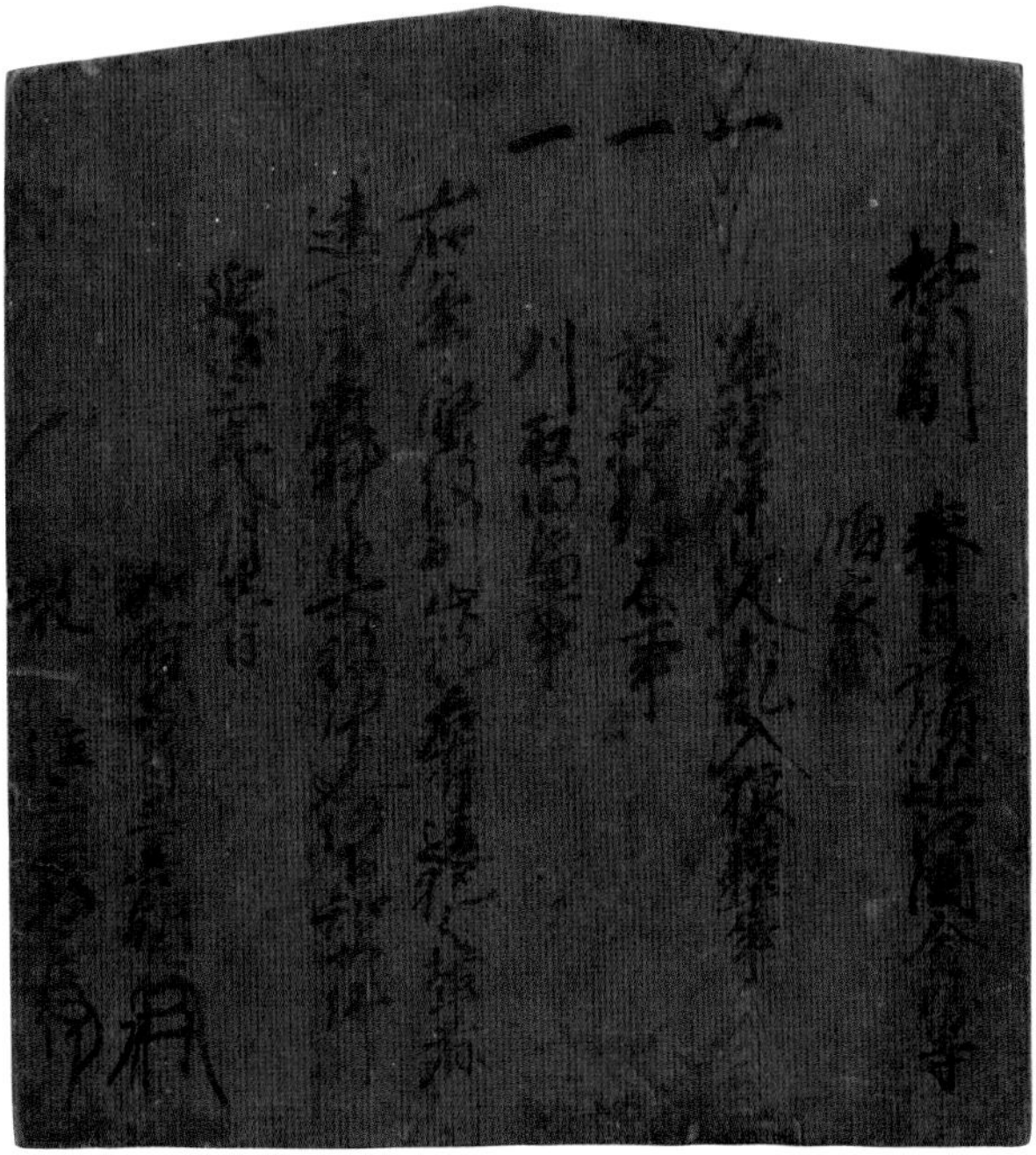

延徳３年８月27日付金勝寺制札◆金勝寺には、長享元年と延徳３年に室町幕府から交付された制札が残されている。いずれも保存状態がよく、背面に釘穴がないことから、掲示されず厳重に保管されたものと思われる　滋賀県栗東市・金勝寺蔵　栗東歴史民俗博物館寄託

で拘禁されるが、後に北陸方面へ逃れ、再度の上洛に向けて諸大名の協力を仰いだ。これを受けて、高頼は上洛の動きをみせ、政権への復帰を画策することとなる。

06 行政拠点だった「守護所」金剛寺

二度の六角征伐では、金剛寺が六角方の拠点としてしばしば登場する。長享元年（一四八七）に足利義尚が近江を攻めた際、伊庭氏以下の家臣たちは金剛寺と八幡山の館にいて攻められ、甲賀郡へ没落した。延徳三年（一四九一）、高頼を破った安富元家は、金剛寺の城館を改修して統治の拠点とした。翌年、高頼が金剛寺を攻めると、安富は観音寺へ陣を移し、簗瀬河原の戦いで六角方を大いに討ち果たす。明応元年（一四九二）末に越中氏の息子が近江守護に任命されると、金剛寺が「守護所」となった。

このように、第二次六角征伐時にはおおむね安富が金剛寺を掌握しているが、そこには前代の六角氏の行政機能を、新たに守護となった細川方が継承する意味が込められていたと考えられる。それゆえ、守護が越中氏に代わっても、金剛寺が「守護所」なのである。

さらに踏み込むと、安富が高頼に攻められた際に観音寺へ陣を移したことは、それまでの観音寺と金剛寺の使いわけを示唆しているとみることもできる。すなわち、六角氏は金剛寺をもっぱら行政拠点として位置づけ、戦争が起こると観音寺に籠もったのではないだろうか。そこでの両者のあり方は、基本的には居館と詰城のセット関係で捉えられる。

金剛寺は、六角氏頼が夢窓疎石《むそうそせき》や母の菩提を弔うために建立した禅院である。金剛寺が営まれた金田には、佐々木頼綱が館を構えたとされている。前述の通り、鎌倉期の佐々木氏の館は小脇にあった。両者の関係をめぐっては、小脇から金田に居館が移ったとする説と、あくまで小脇がメインで、金田は別邸だとする説が並立している。どちらが妥当かは判断しがたいが、小脇は鎌倉幕府の滅亡とともに東山道の宿駅としては機能しなくなり、次第に存在感を低下させていったことは確かだろう。

金剛寺城は、三時期にわたる拡幅を経て、内城と外城をもつ複郭の構造へと変容を遂げたことが発掘調査の成果をもとに指摘されている。そこでは、最終段階の整備は、六角氏の分国支配が安定した十六世紀と評価されている。ただし、その時点では観音寺城が本格的な居城となっており、前述した居館と詰城のセット関係は失われていたものと思われる。遺構の年代観も含めて、両者の存続期間や役割についてはなお追究する必要がある。

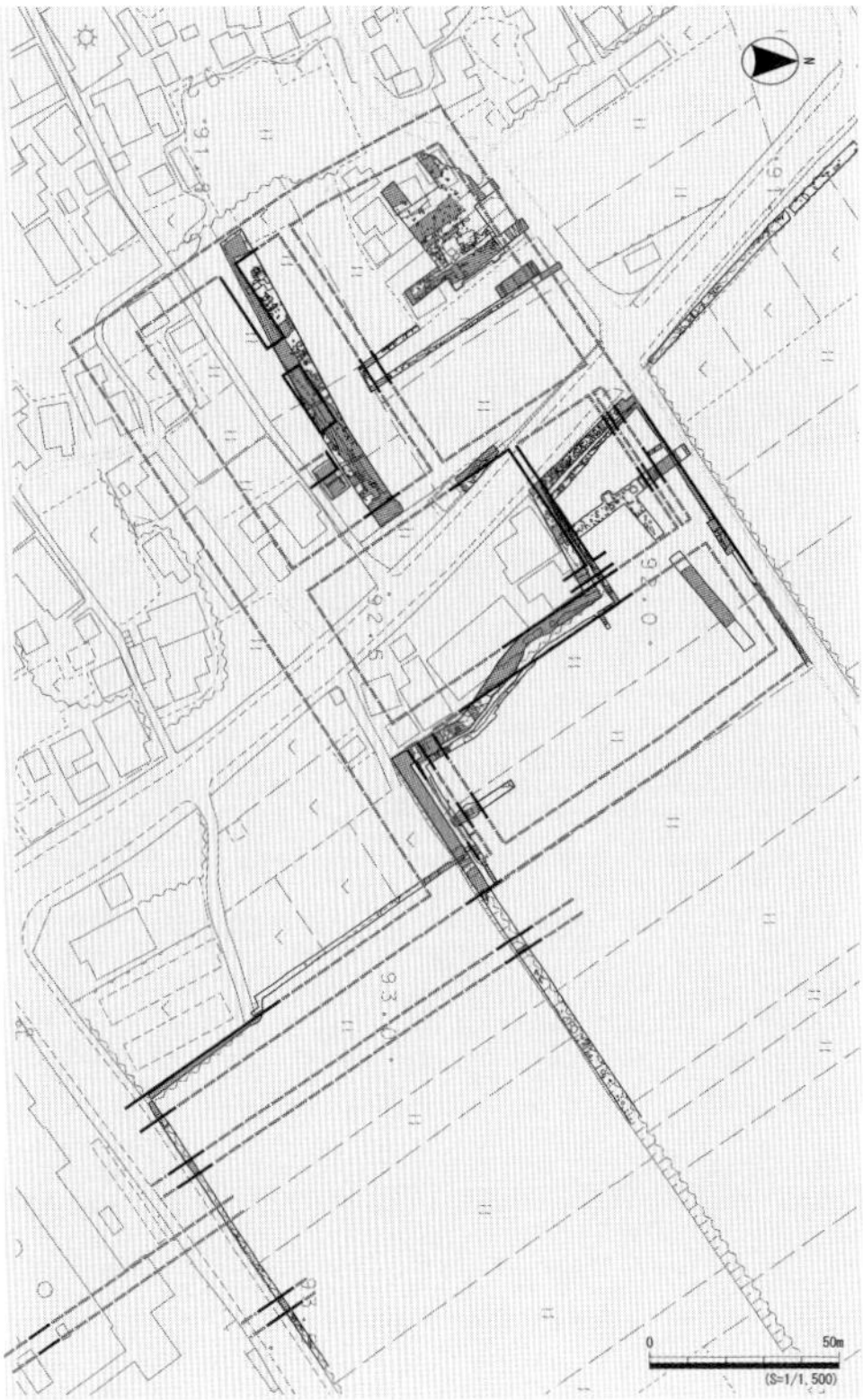

金剛寺城（Ⅱ期）推定復元図◆発掘調査で検出された金剛寺城の遺構は、おおむね二時期にわけることができる。このうちⅡ期は16世紀初頭から中葉にあたり、観音寺城とも一定期間併存していた可能性が考えられる　近江八幡市教育委員会蔵の図に着色

夢窓疎石画像◆臨済宗の僧で、後醍醐天皇から「夢窓国師」の国師号を与えられた。足利尊氏・直義兄弟の尊崇をうけ、室町幕府が成立すると全国に安国寺・利生塔の建立を提言したほか、後醍醐天皇の菩提を弔う天龍寺の開山となった。六角氏頼をはじめ多くの人物が帰依した　東京大学史料編纂所蔵模写

07 足利義澄を支持し義稙方と戦う

明応の政変で将軍となった足利義澄は、山内政綱の息子就綱《なりつな》を近江守護に任命する。明応三年（一四九四）、就綱は義澄の命を受け、延暦寺とともに六角高頼を攻めた。緒戦で就綱は高頼の籠もる金剛寺を攻め、優勢であったが、年末の戦いで敗北し、没落する。明応四年、高頼は義澄より赦免された。

明応八年、流浪していた足利義稙から、上洛への協力要請が六角氏にあった。家中内で意見がわかれたものの、高頼は義澄の支持を決め、上洛を目指す義稙の軍勢を坂本で討ち果たす。義稙は、大内義興《おおうちよしおき》を頼って周防国へ逃れた。永正《えいしょう》四年（一五〇七）、義稙をクーデターで追いやった細川政元が暗殺され、細川家中の足並みが乱れる。これを受けて、義稙は大内勢を引き連れて周防を立ち、翌年上洛を果たした。義稙の上洛を前に、義澄は京都を脱し、伊庭氏の家臣九里氏の水《すい》茎岡山城《けいおかやまじょう》（近江八幡市）へ逃れた。

永正七年、細川高国《たかくに》は義澄をかくまう伊庭・九里両氏を討伐するため、大軍を近江に遣わす。この合戦で細川方は大敗し、等阿弥《とうあみ》らが討ち取られた。翌年、義澄を支持する細川澄元《すみもと》が阿波より上陸し、高国を摂津国で破ると、義稙はいったん丹波国へ逃れる。しかし、再び京都方面へ進出し、澄元勢を船岡山《ふなおかやま》（京都市北区）に破った。この船岡山の戦いの直前、義澄は水茎岡山城にて没している。

義澄が滞在した水茎岡山城は、琵琶湖岸の岡山（標高約一九〇メートル）に位置する。現在は陸続きであるが、城があった当時は周囲を湖に囲まれた要害の地であった。金剛寺城はここから約六・五キロ南東に位置し、観音寺城との間は直線距離で十キロほどである。山上に土塁囲みの曲輪群をもつとともに、山麓の広い範囲に雛壇状の曲輪群が展開する点が特徴的である。当地には、香仙寺《こうせんじ》という天台宗の寺院があったことが知られており、雛壇状の曲輪群はその寺坊跡の可能性もある。二つの峰に挟まれた平坦地が義澄の館跡と伝承されており、発掘調査で礎石建物や石垣がみつかっている。これを義澄の伝承に引き付けてよいかは検討を要するが、六角氏分国内の拠点的な城郭の一つであったことは確かである。

足利義澄木像◆堀越公方足利政知の子。明応の政変で足利義稙を追放した細川政元に擁立され、室町幕府第11代将軍に就任したが、義稙が大内義興の助力を得て上洛すると廃され、近江に逃れた。以降、子の義晴、孫の義輝といった将軍家と六角氏との深い繋がりは義澄から始まった　京都市北区・等持院蔵

水茎岡山城遠望◆南北朝期に佐々木氏によって築城されたとされるが、詳細は不明。近江に逃れた足利義澄が拠り、12代将軍義晴は当城で誕生したとされる。琵琶湖に面し、「浮き城」とも呼ばれた　滋賀県近江八幡市

水茎岡山城堀切◆堀切のほか、土塁・切岸などの遺構が残る。藪（竹林）になっている箇所が多いので、訪れる際には注意が必要

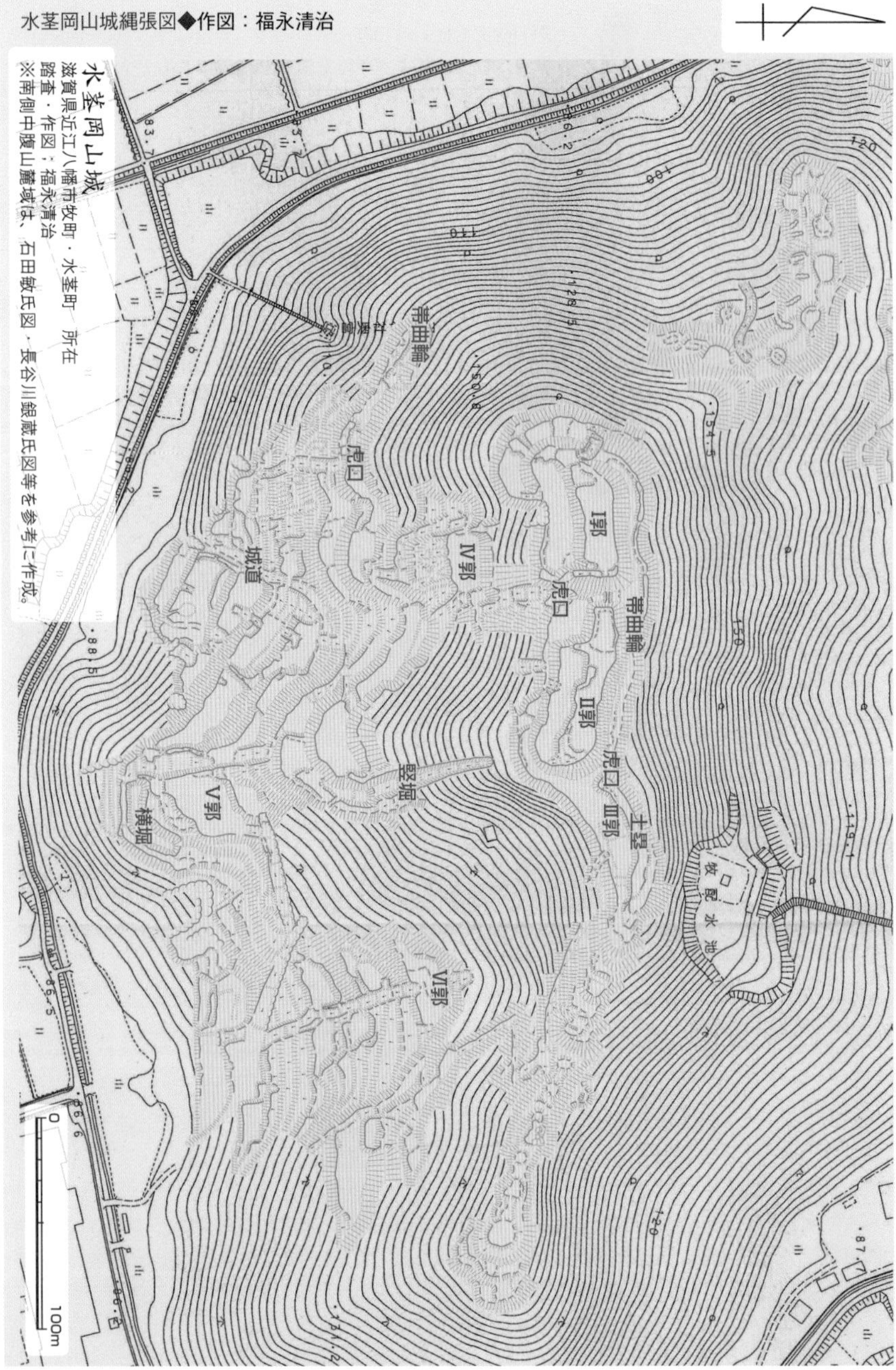

水茎岡山城縄張図◆作図：福永清治

08 たび重なる重臣伊庭氏の反乱

伊庭氏は、十五世紀中頃から六角氏権力内での地位を急速に高めていくが、十六世紀前半に六角氏から排斥される。文亀《ぶんき》二年（一五〇二）、六角高頼は、伊庭氏のたび重なる「不儀《ふぎ》」を咎めた。すると伊庭氏は姿をくらまし、年末に山内就綱らとともに馬淵氏や永原《ながはら》氏ら六角氏家臣の城を次々と攻め落とした。高頼は観音寺城を出て、日野《ひの》（日野町）の蒲生《がもう》氏の館に逃れる。細川政元の内衆《うちしゅう》赤澤朝経《あかざわともつね》は、伊庭氏に加勢し、蒲生館を攻めるが、ついに攻め落とすことはできなかった。

文亀三年六月、細川政元の仲裁により、六角氏と伊庭氏は和睦した。伊庭氏はこの後も六角氏の分国支配に携わっており、体制へのスムーズな復帰が認められる。伊庭氏の排斥は、強大化した伊庭氏に六角氏が脅威を感じたために行われたとみるのが一般的である。確かにその面も否定できないが、六角氏が分国支配において伊庭氏のような存在を必要としたことも事実であり、両者の対立を過度に強調するのは適当ではなかろう。

前項で述べたように、伊庭氏と九里氏は足利義澄を水茎岡山城にかくまうが、これを六角氏が積極的に支援した形跡はうかがえない。将軍家の分裂にどう対応するかは家中内でも意見がわかれており、六角氏としては明確な対応をとるのが困難だったのだろう。そのなかで、伊庭貞隆《さだたか》・貞説《さだとき》父子は、永正十一年に再び出奔する。永正十三年には六角方に敗北し、北近江に逃れた。北近江には、六角氏と対立する京極氏がおり、その支援を受けようとしたのだろう。永正十七年、六角氏は細川高国が手配した兵庫の大船を琵琶湖に引き入れ、九里氏を水茎岡山城に攻めた。この計略により城は落ち、九里氏らは没落した。

六角氏は、伊庭氏を排除することで当主への求心力を高め、戦国大名としての歩みを確かなものにしたとみる向きがある。その理解は一面では正しいが、分国支配を取り仕切ってきた有能な家臣を失い、その穴埋めが必要になったことも見逃してはならない。これに関わって、伊庭氏が担当した裁判で、当事者に「登城」して説明を求めたケースが注目される。後述するように、戦国時代の観音寺城は法廷としての機能ももち、さまざまな申し立てを受け付けたが、その方式はすでに伊庭氏が実践していたのである。そこでの「城」が観音寺なのか金剛寺なのかは確定しがたいが、伊庭氏段階のノウハウは、その後の六角氏の分国支配に確実に継承されているといえよう。

細川政元画像◆細川勝元の子で、細川京兆家当主。延徳3年（1491）には六角高頼に代わり近江国守護に任じられた。明応8年（1499）には、対立する足利義稙と結んだ延暦寺攻めを内衆に命じ、赤澤朝経・波々伯部宗量等の軍勢が根本中堂をはじめとする伽藍を焼いている　京都市右京区・龍安寺蔵

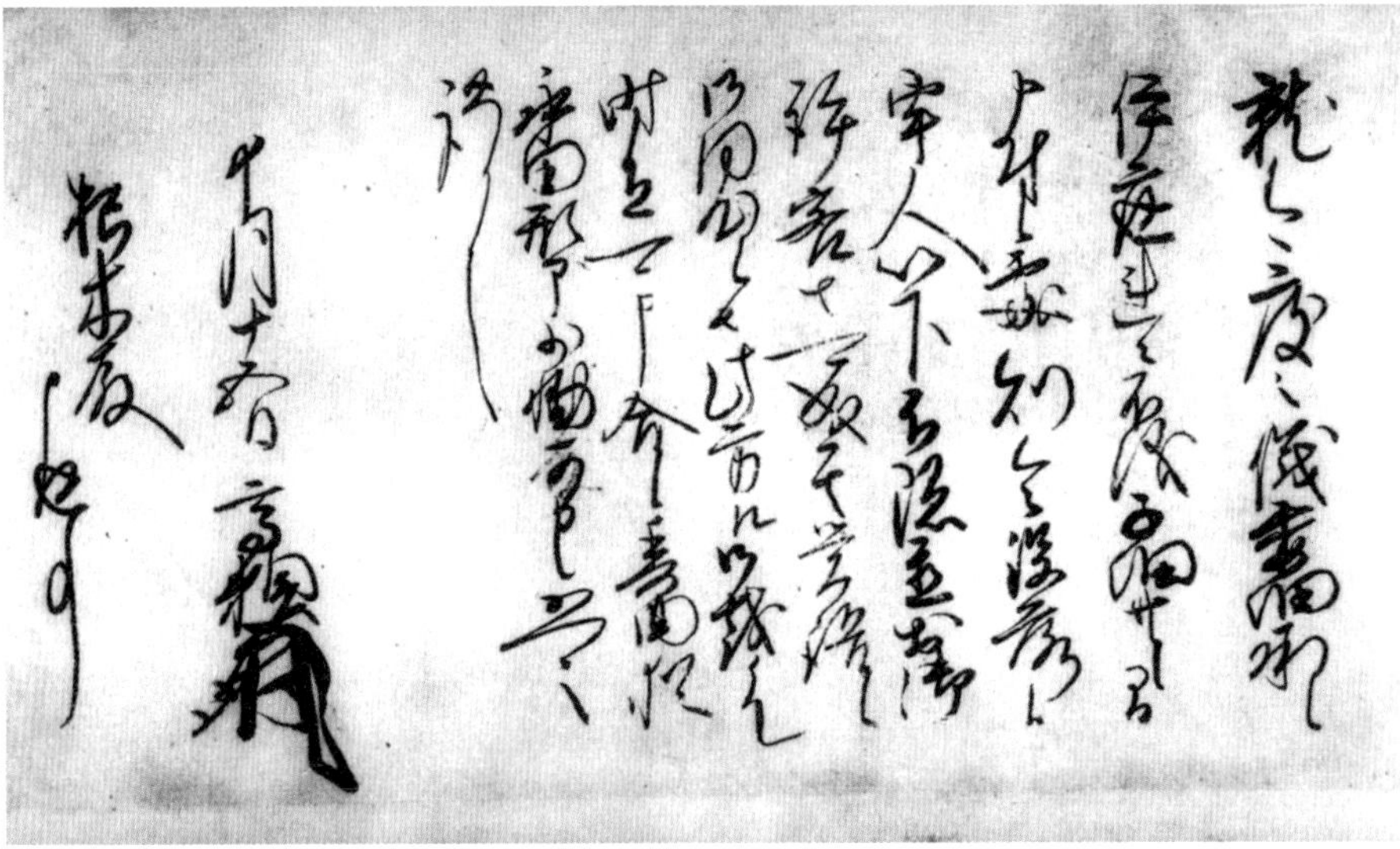

（文亀2年）10月15日付六角高頼書状◆高頼は伊庭氏の没落を受け、朽木材秀に対して自陣に味方するよう要請した　「朽木家古文書」　国立公文書館蔵

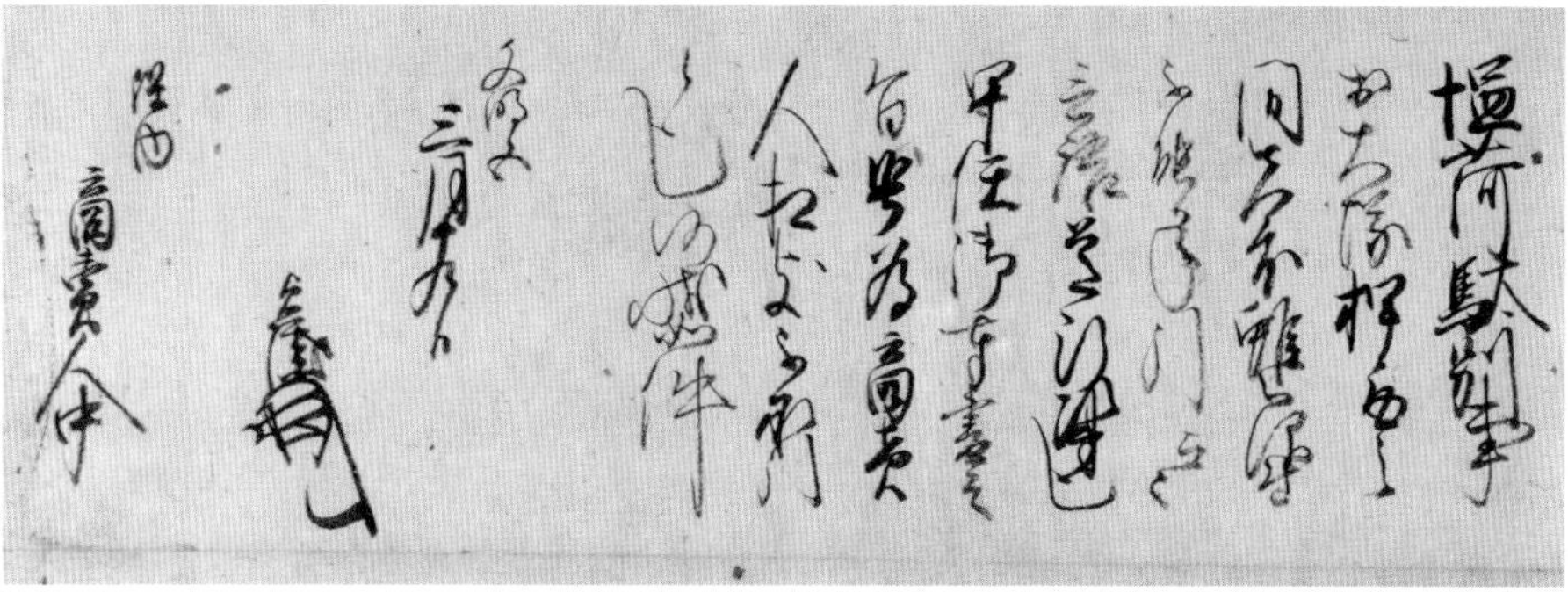

文明５年３月19日付伊庭貞隆書下◆塩荷の運搬にかかる通行税を勝手に徴収することを禁じた文書。「御奉書の旨に任せ」とあり、伊庭氏の書下が六角氏の奉行人奉書とセットで機能したことがうかがえる　滋賀県東近江市・日吉神社蔵　滋賀大学経済学部附属史料館寄託　画像提供：滋賀県立安土城考古博物館

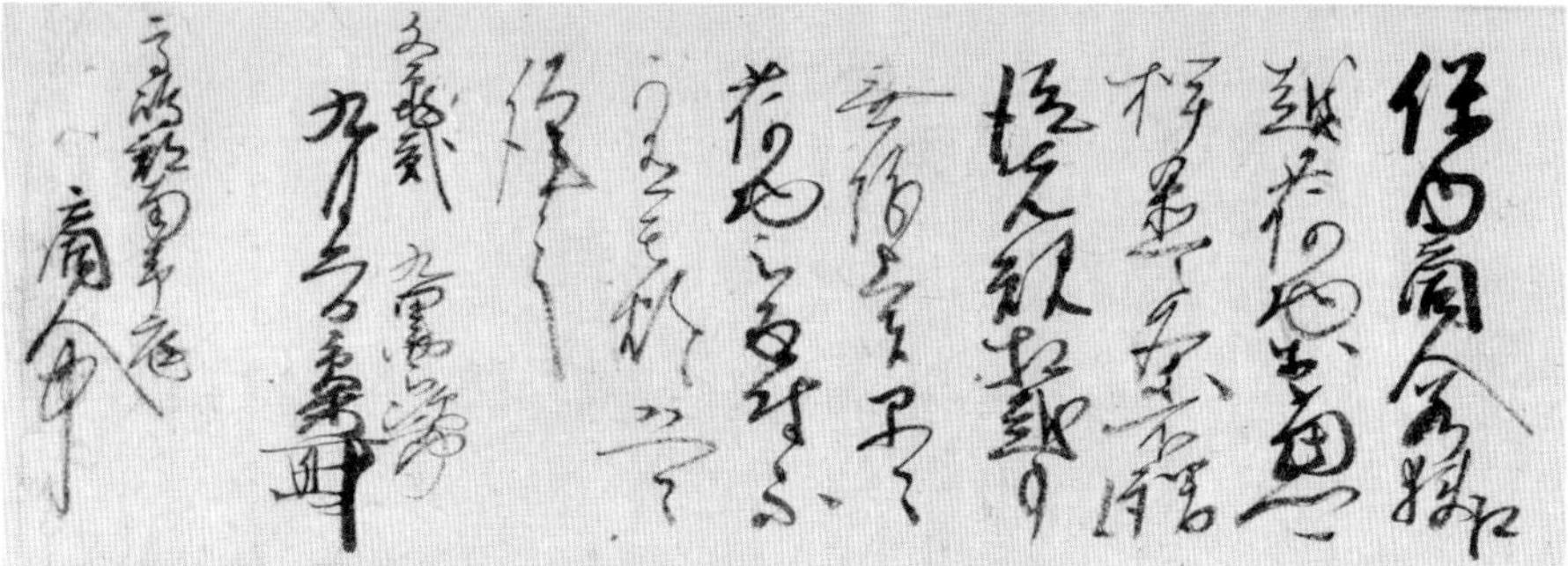

文亀２年９月12日付九里員秀書状◆文亀２年９月２日付であり、伊庭氏の乱が勃発する直前の文書である。高島郡南市庭上人に対し、保内商人より押し取った若狭への越荷物を返すよう命じたもので、保内商人の若狭での商業活動を認める内容となっている　滋賀県東近江市・日吉神社蔵　滋賀大学経済学部附属史料館寄託　画像提供：滋賀県立安土城考古博物館

09 山麓の石寺を城下町として整備

観音寺城の城下町「石寺」の名が史料にみえはじめるのは、十五世紀後半のことである。第二次六角征伐が開戦した延徳三年（一四九一）、「観音寺麓」の「石寺」で合戦があり、六角方として戦った杉山藤五郎《すぎやまとうごろう》の若党が負傷している。永正十六年（一五一九）の道者売券《どうじゃばいけん》（伊勢参宮客を迎え入れる権利を売却した文書）でも、観音寺の麓が石寺とされている。それまで観音寺の南麓が、寺院と同じ観音寺の名で呼びあらわされていたことはすでに述べた。応仁・文明の乱以降、六角氏は観音寺を軍事拠点としてたびたび利用しており、山中に城郭の施設を徐々に整備していったものと思われる。そのなかで、山麓部を城下として位置づけ、新たに「石寺」の呼称を付与したのではないだろうか。

繖山の南方を東西に走る東山道は、城が機能していた時期には東老蘇《ひがしおいそ》（近江八幡市）の集落より大きく北に折れ、石寺の集落を通っていたと考えられている。この東老蘇から観音寺へ至る通称「バンバ道」は、既存の条里地割とは異なる方位を示している。発掘調査の成果によると、その整備は十六世紀以降とされ、観音寺城の整備と連動して行われた可能性が高い。観音寺城の城下町整備は、国内の主要街道の改変と合わせて行われたのである。

とはいえ、石寺の集落内に計画的な街区割の痕跡は認められず、その基本的な構成は、国内にある山麓の集落とそれほど大きな違いはない。廃城後の変化も考慮に入れる必要があるものの、前代の集落のあり方が多分に踏襲されているとみるべきだろう（ただし、山裾には観音寺の坊院ないし六角氏家臣の屋敷地とみられる削平地が無数にあり、現在の集落域とは異なる様相を示している）。また、十六世紀にも「観音寺宿」などの呼称が散見され、地名としての「観音寺」が完全に失われたわけではない。「石寺」の呼称が完全に定着するのは、近世の検地にともなう村落領域の確定以降といえるかもしれない。

石寺地籍図トレース◆作図：小島道裕氏

奥石神社◆当社を含む老蘇森は景勝地として古くから知られ、国の史跡に指定されている。また、奥石神社本殿は天正9年（1581）に再建されたもので、重要文化財に指定されている　滋賀県近江八幡市

現在の老蘇集落

COLUMN

生前移譲が珍しかった家督継承

「〇〇家の血統を残す」という感覚は、徐々に薄れつつあるかもしれない。だが、前近代ではさまざまな権利関係が家と結び付いていたので、極めて切実な問題であった。六角氏の場合、原則として家督が近江国の守護とみなされたため、その継承は家の問題にとどまらず、国内の政治秩序全体に影響するものであった。

六角氏の家督がいつ、どのように継承されたのかを直接示す史料は極めて少ない。ただし、残存する古文書をみていくと、多くの当主が死ぬ間際まで文書の受け取りや発給に携わっていたことが判明する。そのため、家督継承者は先代と同様の振る舞いをいきなり求められ、プレッシャーを感じたことだろう。

一方、戦国大名のなかには、生前に家督を譲る方式を採用したところもあった。この場合、前任の当主が後見役となるため、知識や経験の伝授は容易となるが、前当主と現当主の関係がこじれると、派閥争いが激化しかねない。どちらが安定的な継承のパターンかを一概に論じることはできないだろう。

文安の内紛で命を落とした満綱は、生前に持綱へ家督を譲っている。この後、将軍が家督の継承に介入することが多くなり、半世紀もの間軍事的な混乱が続いた。病弱の兄氏綱《うじつな》に代わって政務をとった定頼《さだより》は、畿内の政局に深く関わり、六角氏の最盛期を築く。定頼の死後、家督についた義賢《よしかた》は、生前に義治《よしはる》へ家督を譲るが、後述する美濃斎藤《さいとう》氏との縁組や観音寺騒動などへの対応に追われた。六角氏の場合、生前に家督を譲るほうが異例であり、それによる弊害がむしろ強くあらわれているとみることができよう。

第三章　領国支配体制の確立

観音寺城が所在する織山からの眺め

01 六角氏の支配領域と分立する地域権力

六角氏は近江国の守護であるが、近江一国を直接統治できたわけではない。北近江は、庶子家である京極氏の勢力下にあり、十六世紀には浅井《あざい》氏の台頭がみられる。高島郡でも、佐々木高信の系統に連なる越中・田中《たなか》・朽木《くつき》・永田《ながた》・能登《のと》・横山《よこやま》・山崎《やまさき》の七家が、所領支配の危機への対応として、高島七頭（西佐々木同名中）という一族一揆を形成した。それぞれの家は幕臣としての立場ももち、六角氏からは本来自立的な存在であった。また、滋賀郡は、しばしば六角氏と対立してきた延暦寺のお膝元であった。

こうして、六角氏の実質的な支配領域は南近江にほぼ限定されることとなる。『大乗院寺社雑事記《だいじょういんじしゃぞうじき》』は、第二次六角征伐時に安富元家が蒲生郡・野洲《やす》郡・栗太《くりた》郡・神崎《かんざき》郡・犬上《いぬかみ》郡を管轄したと記しているが、これは当時の六角氏の分国を示していると考えられる。そこには、甲賀郡は含まれていない。甲賀郡には、政治抗争に敗れた勢力が、中央からの追及を免れるためにたびたび没落している。その一方で、幕府や有力大名と直接結び付く勢力も多く、独自の政治的立場を形成していた。山中《やまなか》氏が、細川氏の家臣となり、摂津欠郡《かけのこおり》の代官をつとめたことは有名である。

このように、近江国内には六角氏に従属しない勢力が一定数いた。だが、戦国期に分国支配を進めていくなかで、六角氏はこうした自立的な勢力へも徐々に介入をみせるようになる。高島郡では、在地領主間の相論を六角氏が裁定するケースが認められ、七頭の構成員の一部は六角氏の軍事行動に参画している。また、六角氏は甲賀郡の武士とも個別に文書を取り交わしており、後述する京極・浅井方との対戦には郡内の武士も動員されている。

しかし、六角氏がこれらの地域を面的に掌握することは最後までなかった。これを六角氏の「限界」とみる向きもあるが、ひとまずは「特質」と捉え、その意味を追究することが重要であろう。すなわち、近江国

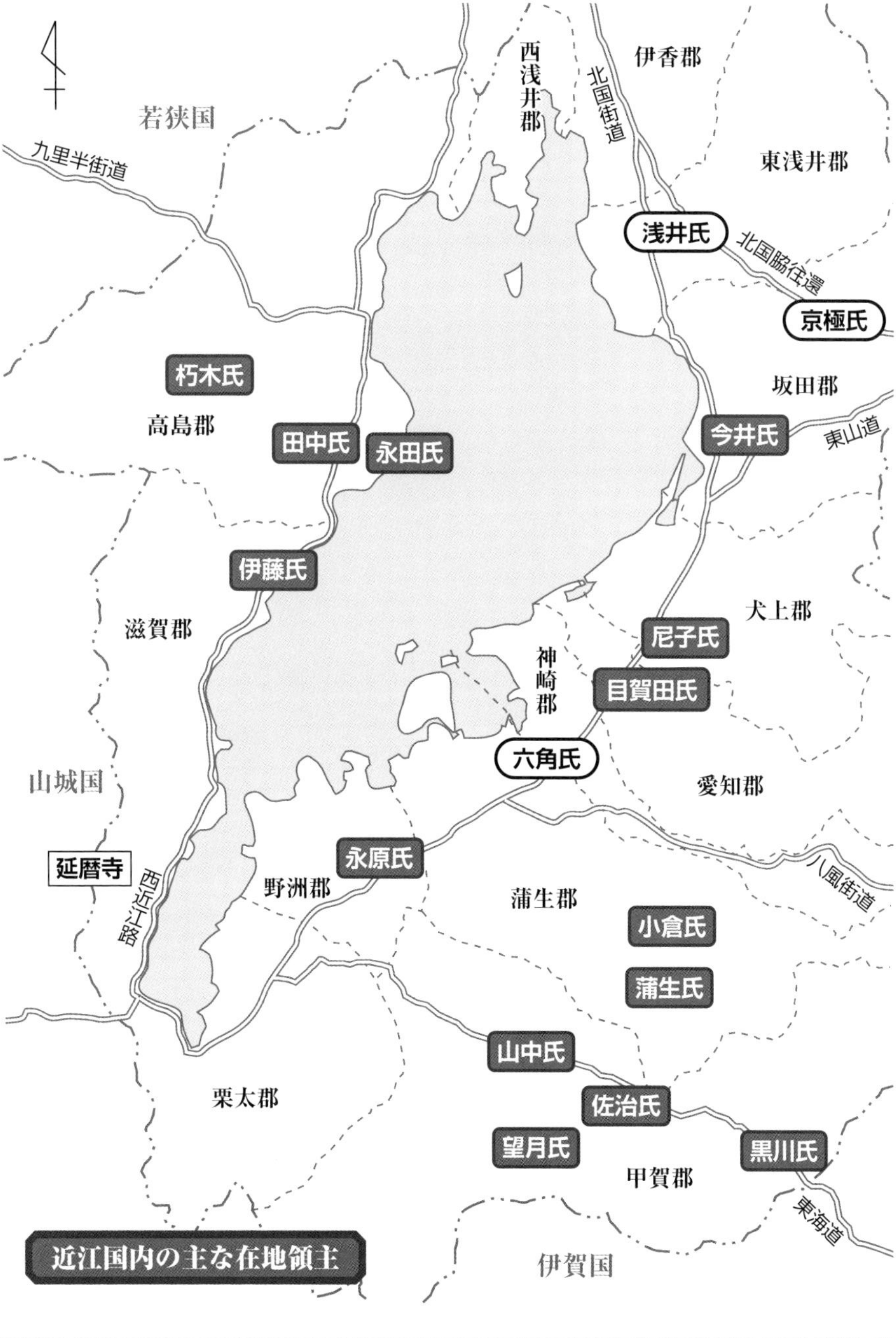
若狭国
九里半街道
西浅井郡
北国街道
伊香郡
東浅井郡
浅井氏
北国脇往還
京極氏
朽木氏
高島郡
田中氏
永田氏
坂田郡
今井氏
東山道
伊藤氏
滋賀郡
犬上郡
尼子氏
神崎郡
目賀田氏
六角氏
愛知郡
山城国
延暦寺
西近江路
永原氏
野洲郡
蒲生郡
八風街道
小倉氏
蒲生氏
山中氏
栗太郡
佐治氏
望月氏
黒川氏
甲賀郡
東海道
伊賀国

近江国内の主な在地領主

京極氏略系図

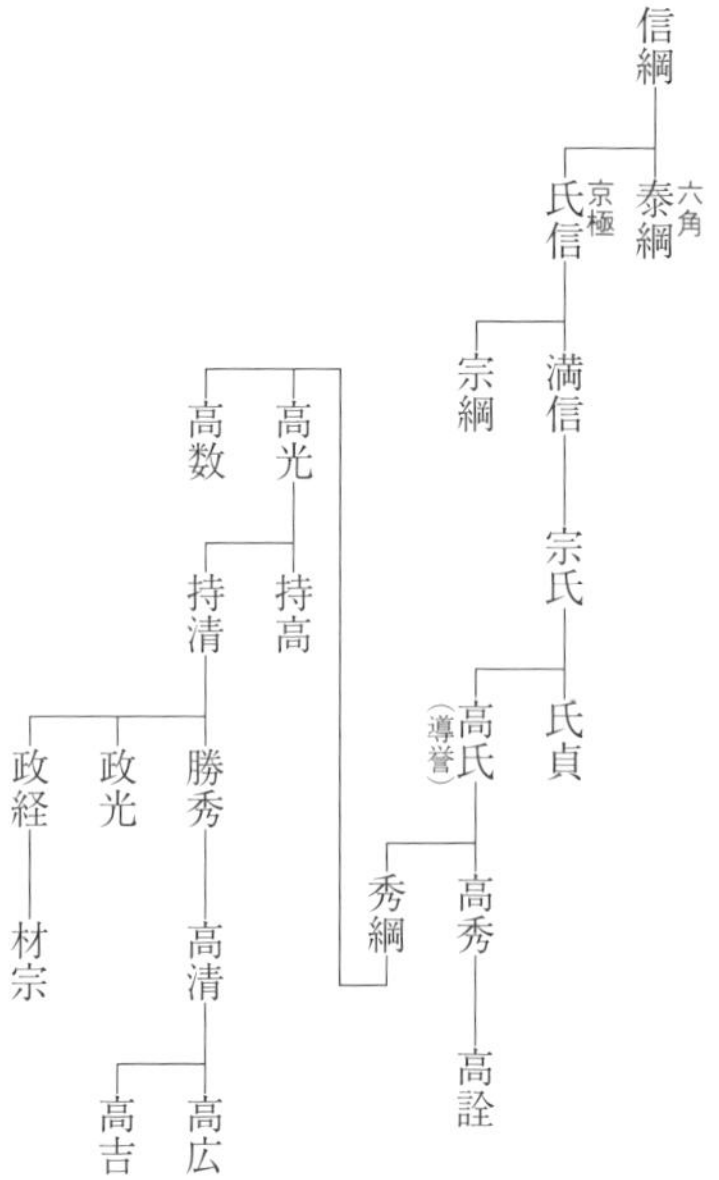

浅井氏略系図

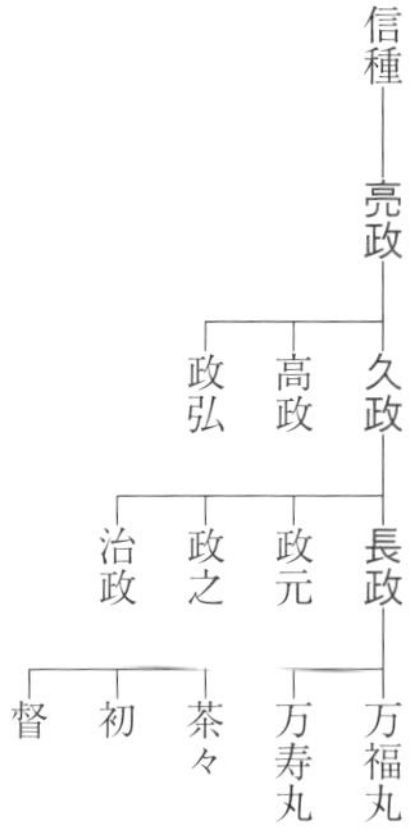

では佐々木家の分裂を軸とした政治構造が根強く、地域権力が分立する状況が続いた。六角氏はその基本的な枠組みに則り、南近江を基盤にしながら、近江一国の緩やかな統合を目指したのである。

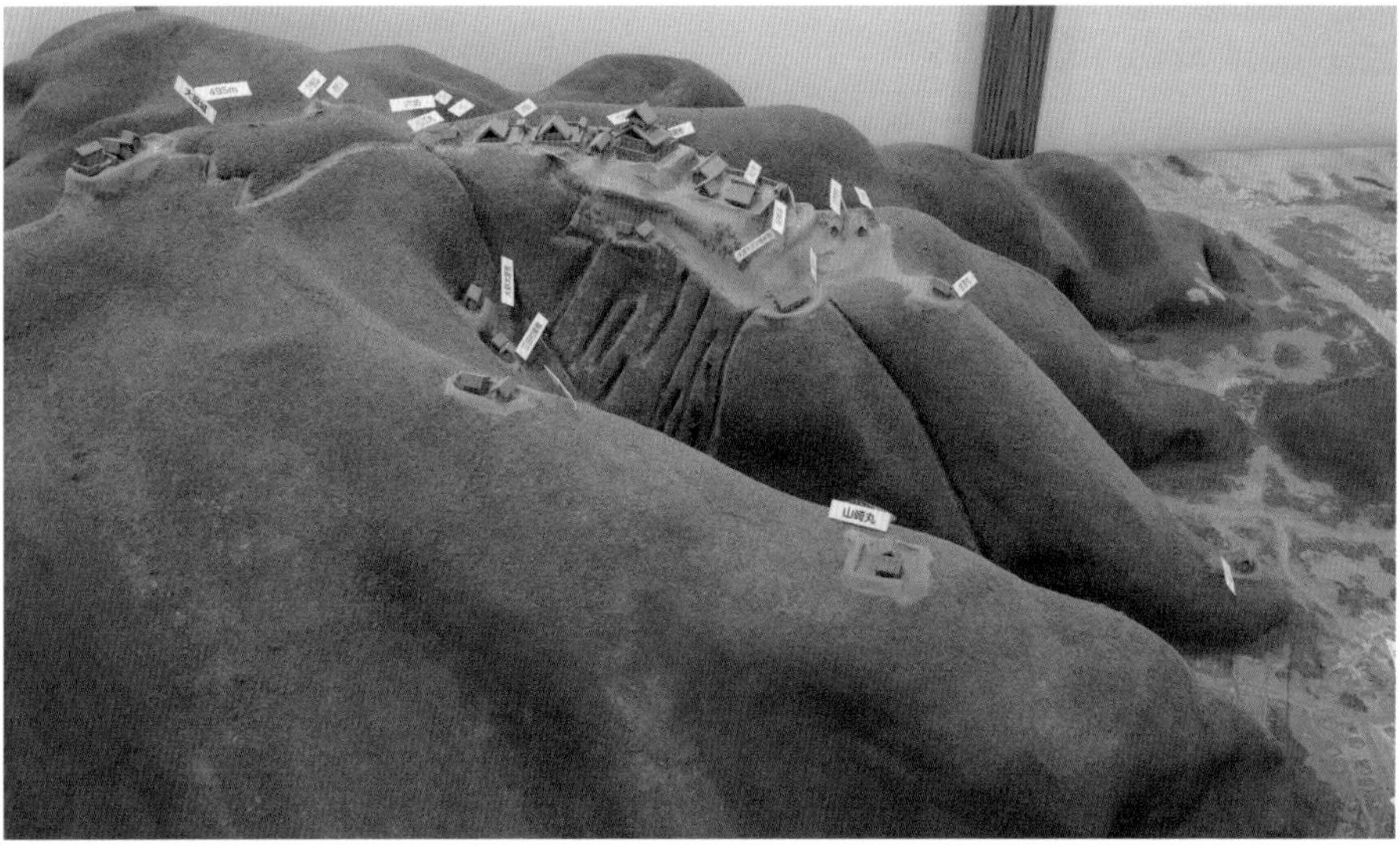

小谷城復元模型◆標高約 495m の小谷山に築かれた浅井氏の本拠　小谷城戦国歴史資料館蔵

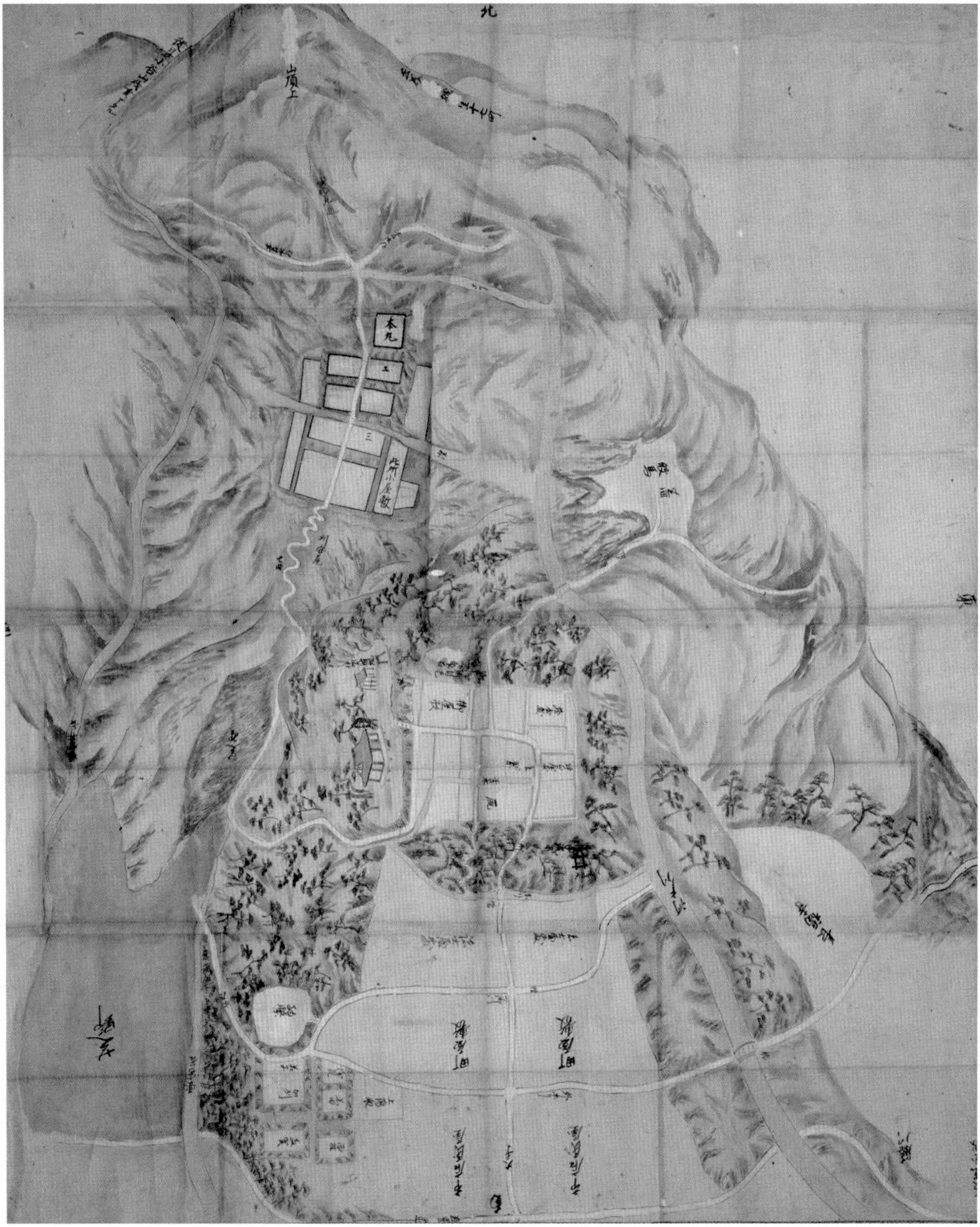

上平寺城絵図◆上平寺城と麓の上平寺館、城下町を描いている。上平寺館は、戦国時代に京極氏の居館として整備された。跡地には、石組みの庭園遺構が良好な状態で残されている　米原市蔵

02 家臣団統制と築城の規制

十五世紀後半の六角氏は、幕府方を敵に回して戦乱に明け暮れた。近江国南部では、自らの権益の確保を求めて六角氏のもとに結集した武士が一定数おり、そうした動きが六角氏の権力を強化していったものと思われる。

その一方で、幕府との関係を強化しようとする者もいた。蒲生氏は、南北朝・室町期には守護代として活動したが、十五世紀前半には幕府に直属する国人となっていく。第二次六角征伐では、足利義稙が一時蒲生氏の館に陣を移そうとしており、義稙方としての立場が垣間見える。ただし、その後の伊庭氏の乱では、観音寺城を逃れた六角高頼が一時蒲生氏の館に身を寄せている。六角氏が幕府の体制に復帰する過程で、蒲生氏も再びその旗下に属することになったのだろう。

大永《だいえい》二年（一五二二）、六角定頼は二万騎もの軍勢を率いて蒲生秀紀《ひでのり》を攻めた。これは、秀紀の家督相続を不満に感じていた高郷《たかさと》が、定頼の力を借りて家督を奪おうとした事件とされている。秀紀方が城中より放った石礫《いしつぶて》により、六角方は八百人ほど落命したという。秀紀方を城外で支援する勢力もあり、後詰めの戦いがたびたび起きた。一方、籠城者たちは、夏衣装のまま冬の寒さを耐え忍んだため、大半が病気にかかり、死者も出た。八ヶ月に及ぶ籠城戦の末、秀紀は城を明け渡す。定頼は、城の堅固さを惜しみつつも、「惣国《そうこく》に城郭停止《ちょうじ》すべき」として破却を行った。

これは、確実な文献史料で破城が確認できる事例としては極めて早い時期のものである。また、「惣国に城郭停止」を文面通り解釈すると、六角氏分国内での築城を禁じる内容となり、在地領主の支配を厳しく制約する先進的な政策とも捉えられる。しかし、分国内に数多くの中世城館跡が伝わっており、実際に築城が禁じられたとは考えにくい。後詰めの勢力も含めて、武装解除を徹底するために、あえて象徴的な表現をとったとひとまず考えておきたい。

秀紀方が籠城し、定頼が「明城」とたたえた城は、音羽《おとわ》城（日野町）に比定されている。近代以降の公園整備などにより、遺構は大きく損なわれているが、方形を志向する主郭の南北に堀切と出曲輪を配した構造であると考えられている。

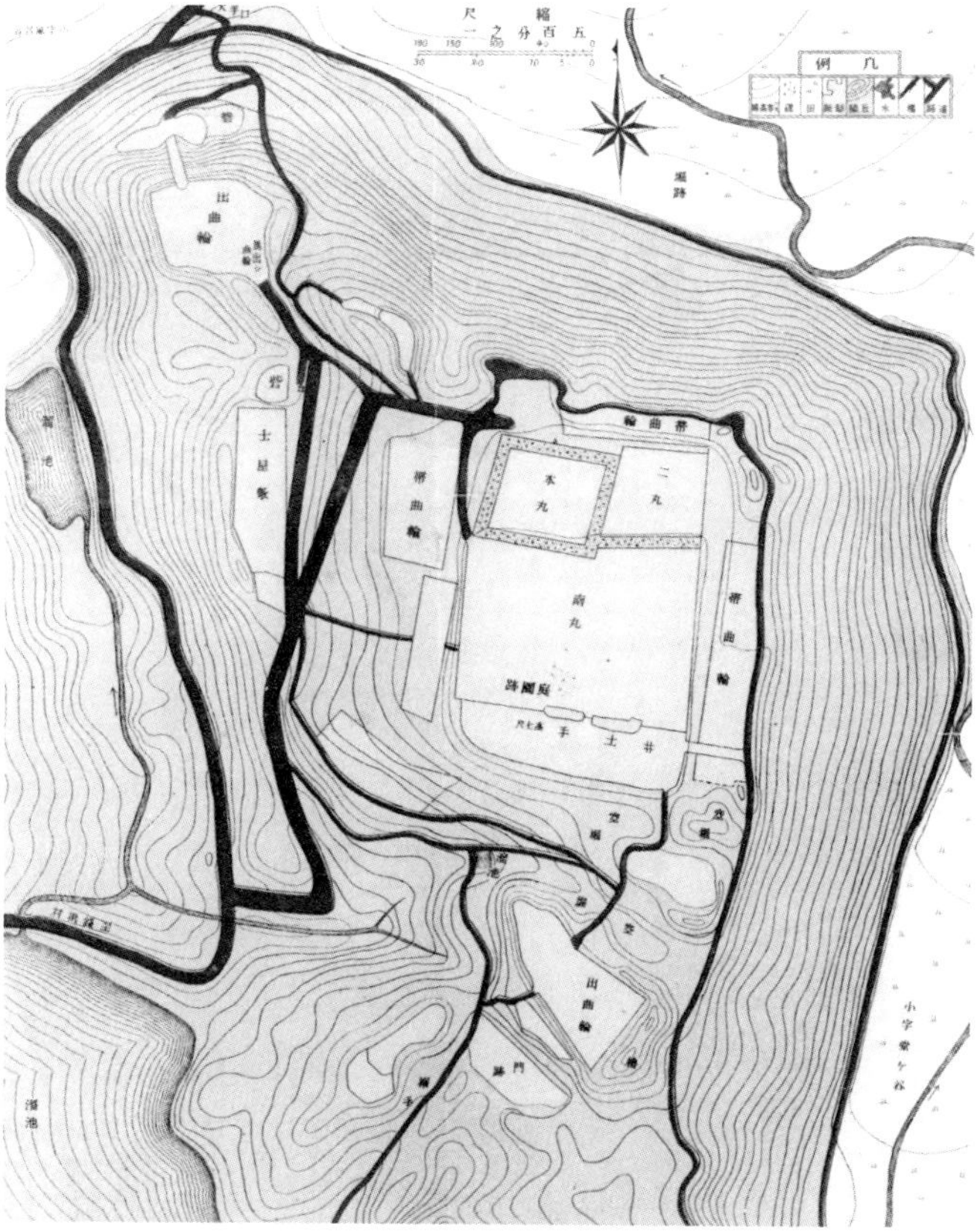

音羽城趾図◆『近江蒲生郡志』三　国立国会図書館蔵

音羽城堀切◆築城時期は不明だが、蒲生秀紀の祖父貞秀が築城したとされる。土塁や井戸等の遺構が残る　滋賀県日野町

蒲生氏系図

貞秀
- 秀行 ― 秀紀
- 高郷 ― 定秀
  - 賢秀 ― 氏郷
  - 小倉実隆

『近江日野の歴史』二掲載図をもとに作成

03 京極氏を擁する浅井亮政と激突

六角氏とたびたび鎬を削ってきた京極氏は、文明二年（一四七〇）に持清が亡くなって以降、家督をめぐる抗争が相次ぎ、次第にその勢力を弱体化させていく。そのなかで、家臣の浅井氏が台頭し、北近江の実質的な支配者として成長を遂げていった。

大永五年（一五二五）、浅井亮政《すけまさ》が京極高清《たかきよ》を擁して蜂起する。六角定頼は、亮政の居城小谷城《おだに》（長浜市）を攻めた。ちょうどその頃、南近江で伊庭・九里両氏を中心とする一揆が起きるが、黒橋口（近江八幡市）の戦いで九里宗忍《そうにん》が討ち取られた。これは、浅井方の蜂起と呼応した動きとみられる。結局、浅井方が敗北し、亮政はいったん美濃へ逃れた。なお、このとき、後藤高恒《ごとうたかつね》が観音寺城の留守をつとめている。

享禄《きょうろく》四年（一五三一）には、箕浦河原《みのうらがわら》（米原市）で京極・浅井方と六角方の合戦が起きた。この戦いで、六角方の蒲生定秀《さだひで》は同名・被官を数名失うが、敵方の有力な武将を多数討ち取り、小谷城にまで攻め寄せた。結局、浅井方が敗北し、天文《てんぶん》二年（一五三三）には両陣営の間で和睦がなる。

天文七年には再び戦端が開かれ、佐和山城《さわやま》（彦根市）をめぐる攻防が繰り広げられる。これに打ち勝った定頼は、軍勢をさらに北に進め、小谷城をうかがう配陣をとった。そこには、六角氏家臣だけでなく、京極高《たか》慶《よし》や、高島七頭を構成する各家の名をみることができる。高慶は当時、亮政の擁する高広《たかひろ》と敵対し、定頼の支援を受けていた。このように、北近江での戦争は、京極家の分裂と深く関わっていたのである。

相次ぐ敗戦を受けて、亮政は定頼のもとに下ることを決めた。高広は天文十年に兵を挙げるが、亮政はこれには加わらなかったようである。浅井氏が再び高広と結ぶのは、天文十九年のことである。

浅井氏は北近江の戦国大名として著名だが、十六世紀中頃までは六角氏に対して終始劣勢であり、何度も居城を脅かされている。一方、六角氏が京極・浅井氏に代わって北近江を実効支配しようとした形跡はうかがえない。六角氏としては、北近江は管轄外であり、浅井氏を半ば従属させる形で間接的に把握するほうが都合がよかったのだろう。

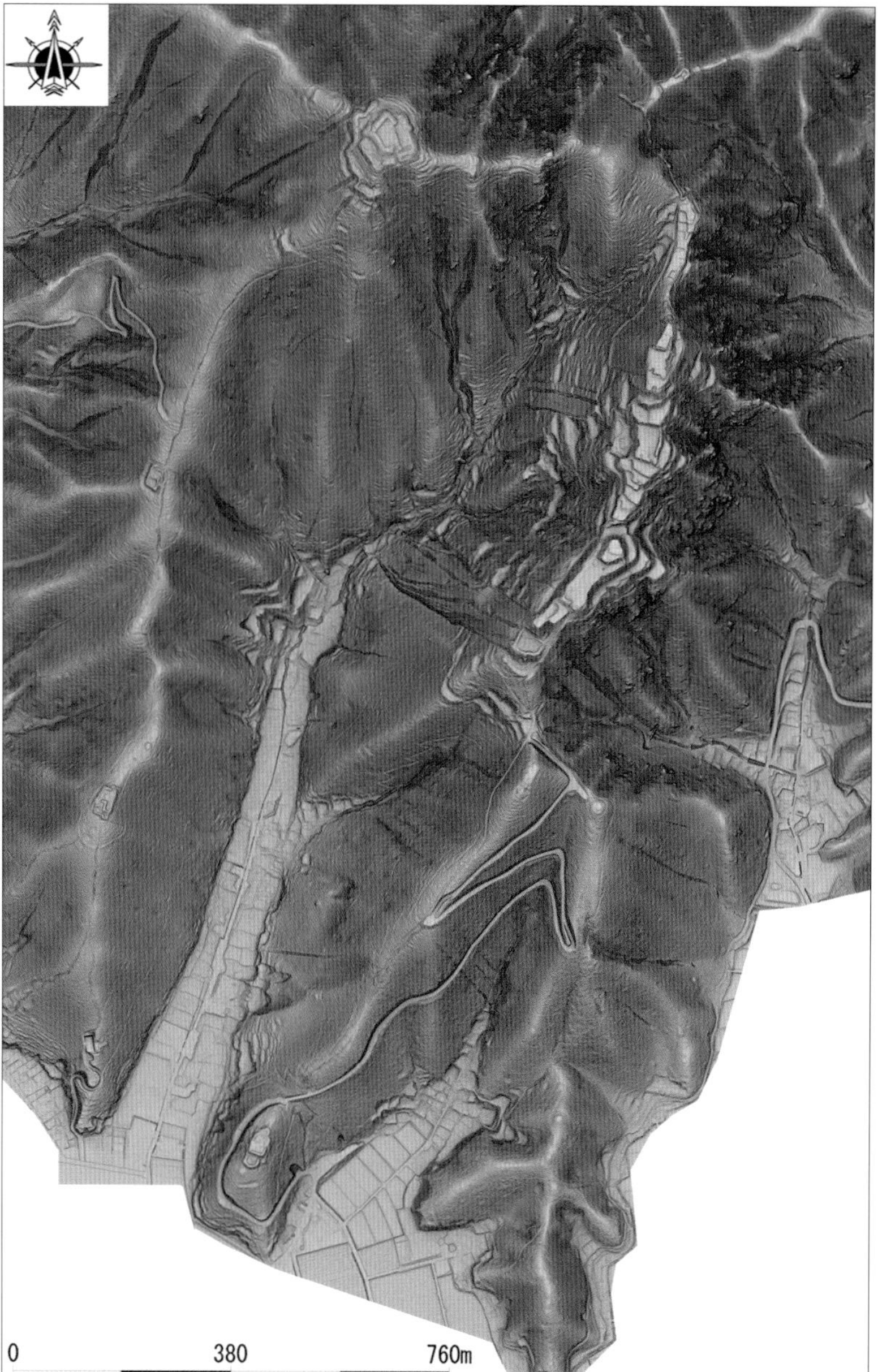

小谷城跡赤色立体地図◆長浜市教育委員会蔵

04 軍事的に重要だった境目の城

京極・浅井方との戦闘で、六角氏は北近江の城をたびたび攻略し、自軍を駐留させている。これらは両勢力間の境目の城と捉えられ、その帰趨が戦況を左右する場合もあったと考えられる。ここでは、代表的な城をいくつか紹介し、両勢力のせめぎ合いの一端をみることにしたい。

佐和山城（彦根市）は、天文七年（一五三八）の戦争で六角方の手に落ちている。天文二十二年から翌二十三年にかけても佐和山城をめぐる攻防が浅井久政《ひさまさ》との間で起き、最終的に六角方が勝利をおさめた。六角氏は佐和山城で人質の受け取りを行っており、北近江における重要な軍事拠点として位置づけていたことがわかる。六角方の軍事占拠は永禄《えいろく》四年（一五六〇）が最後で、以後は磯野員昌《いそのかずまさ》が入城し、浅井氏の南方支配の拠点となった。その後、城主が移り変わり、最終的に石田三成《いしだみつなり》の居城となったことはよく知られている。

鎌刃《かまは》城（米原市）も、天文七年に六角方が攻め落としている。城主の堀《ほり》氏は、天正《てんしょう》二年（一五七四）に改易《かいえき》されるまで在城が断続的に確認でき、情勢に応じて六角方や浅井・京極方と関係を結んだとみられる。こうしたあり方は、境目の領主の典型的な姿といえよう。当城は遺構の残りが極めて良好で、近江では珍しい畝状空堀群《うねじょうからぼりぐん》も確認できる。発掘調査で石垣や礎石建物、桝形虎口《ますがたこぐち》などの遺構が検出され、高度な技術を用いて本格的に整備されたことが明らかになった。

太尾《ふとお》城（米原市）は、天文七年の小谷城攻め時に六角方の在陣が確認できる。天文二十一年の佐和山城攻めでは、六角方が在番の勢力を交替させながら維持しており、出撃の足がかりとしていたことがわかる。この太尾城の在番はある程度恒常的になされたようで、弘治《こうじ》三年（一五五七）には在城していた宮木賢祐《みやぎかたすけ》のもとを今堀郷《いまぼりごう》（東近江市）の百姓らが訪ねている。六角氏にとって、北近江では比較的安定して押さえることのできる城だったのだろう。

このように、両勢力が奪い合った城が、現在の彦根市から米原市辺りにみられる。戦国大名間の戦争では、互いの支配領域をその都度画定させることが重要視され、境目での競り合いがしばしば行われた。現存する城郭の遺構は、こうした激しい戦乱の様子を物語ってくれる。

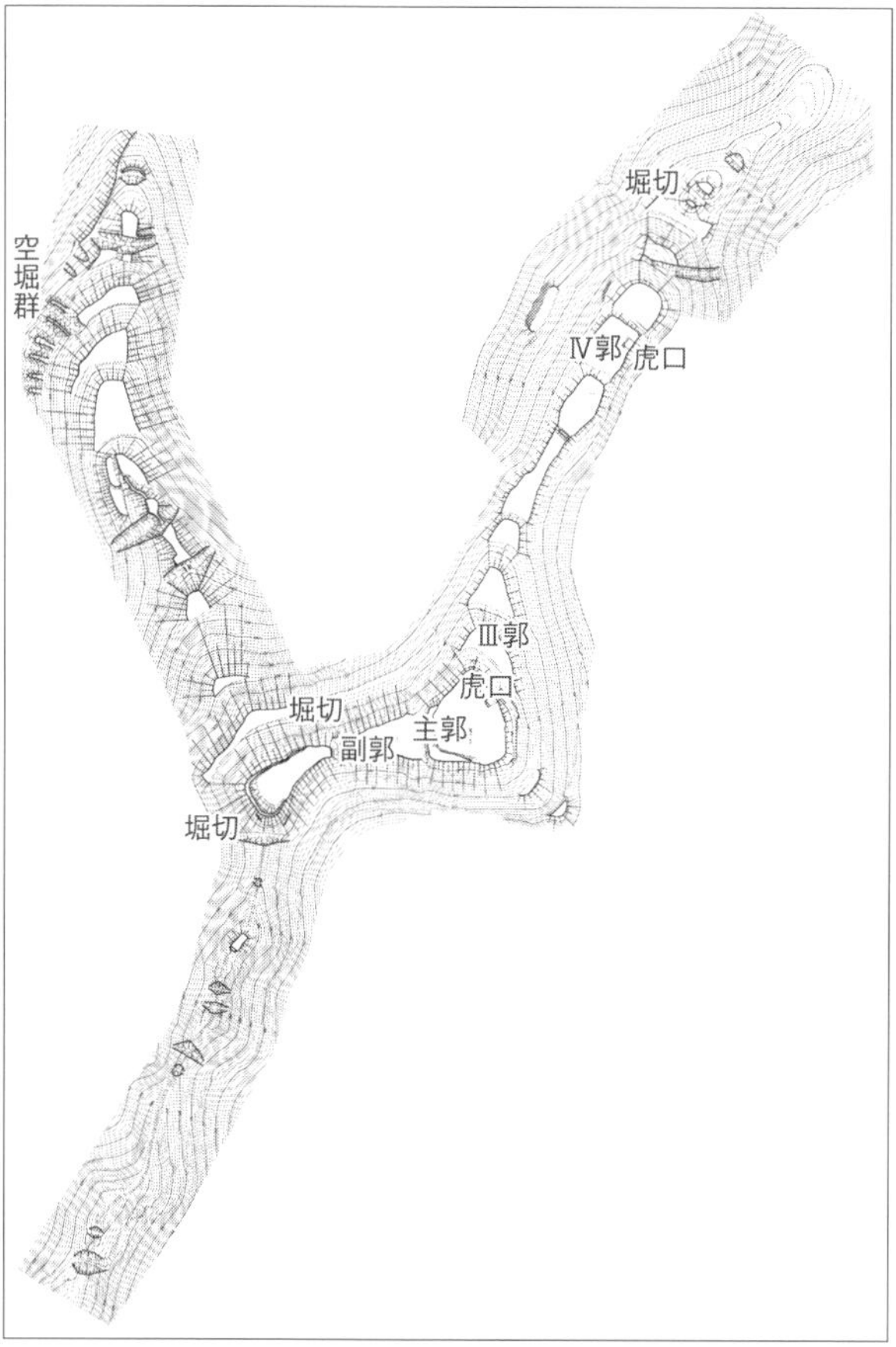

鎌刃城縄張り図◆江北と江南の境目に位置する重要な城で、六角氏と京極氏、浅井氏と織田氏の攻防の舞台となった　作図：中井均『図解 近畿の城郭』Ⅰ（戎光祥出版、2014 年）掲載図に加筆

太尾城跡◆築城者、築城年代とも不明。米原氏によって築かれたともされる。六角氏と京極氏の境目の城として、両者によってたびたび争いがくりひろげられた。曲輪・土塁・堀切等が残る　滋賀県米原市

05 発給文書の変化にみる六角氏権力

六角氏は、書下《かきくだし》という形式の文書で権力の意思を伝達していたが、十五世紀後半以降、当主は書下をほとんど発給しなくなる。その代わりに書下を多く発給したのが、有力家臣の伊庭氏である。伊庭氏は、十五世紀後半の軍事的混乱に際して当主を支え、分国支配の実務を担うが、それを象徴的に示すのが、書下の発給といえよう。

伊庭氏の台頭と並行して、存在感を増していったのが奉行人奉書《ぶぎょうにんほうしょ》である。奉書とは、上位者の意向を下位者が承って伝達する形式の文書である。六角氏権力の奉書は、二名の家臣が名前を連ねて出すのが一般的で、室町幕府の奉行人奉書とよく似ている。伊庭氏の書下と奉行人奉書は、当初相互に補完し合う関係にあったが、伊庭氏が排斥されると、奉行人奉書が六角氏権力の意思を示す最も基本的な文書となった。

戦国期に六角氏当主の名前で出される文書は、ほとんどが書状である。書状は一般的には私信（プライベートな手紙）とされるが、重要な内容を含む場合も少なくない。書状の末尾には、「詳しくは○○が申し上げます」といった文言により、その案件を担当する家臣の名前が記されることが多い。この場合、文書を受け取った側は、内容に関する疑義や要望をその家臣を通じて当主に伝達してもらうことになる。

また、家臣が当主の書状を受けて、補足説明などの目的で副状《そえじょう》を発給することもあった。文書の残存状況をみる限り、すべての書状に副状が付されたわけではなさそうである（後代に副状のみ失われた可能性は否定できないが）。

このように、戦国期には文書の様式が大きく変わり、全体としては当主が前面に出ず、さまざまな家臣たちが発給に携わる方式が定着していった。これは、当主の存在感が低下したことを意味しているとみる余地もあるが、分国支配を担う家臣団の厚みが増したと捉えるほうが適切だろう。こうした「官僚」ともいえる存在は、当主や他の家臣とのコミュニケーションがある程度必要となることから、同じ空間で政務にあたった可能性が高い。それが観音寺城であった。

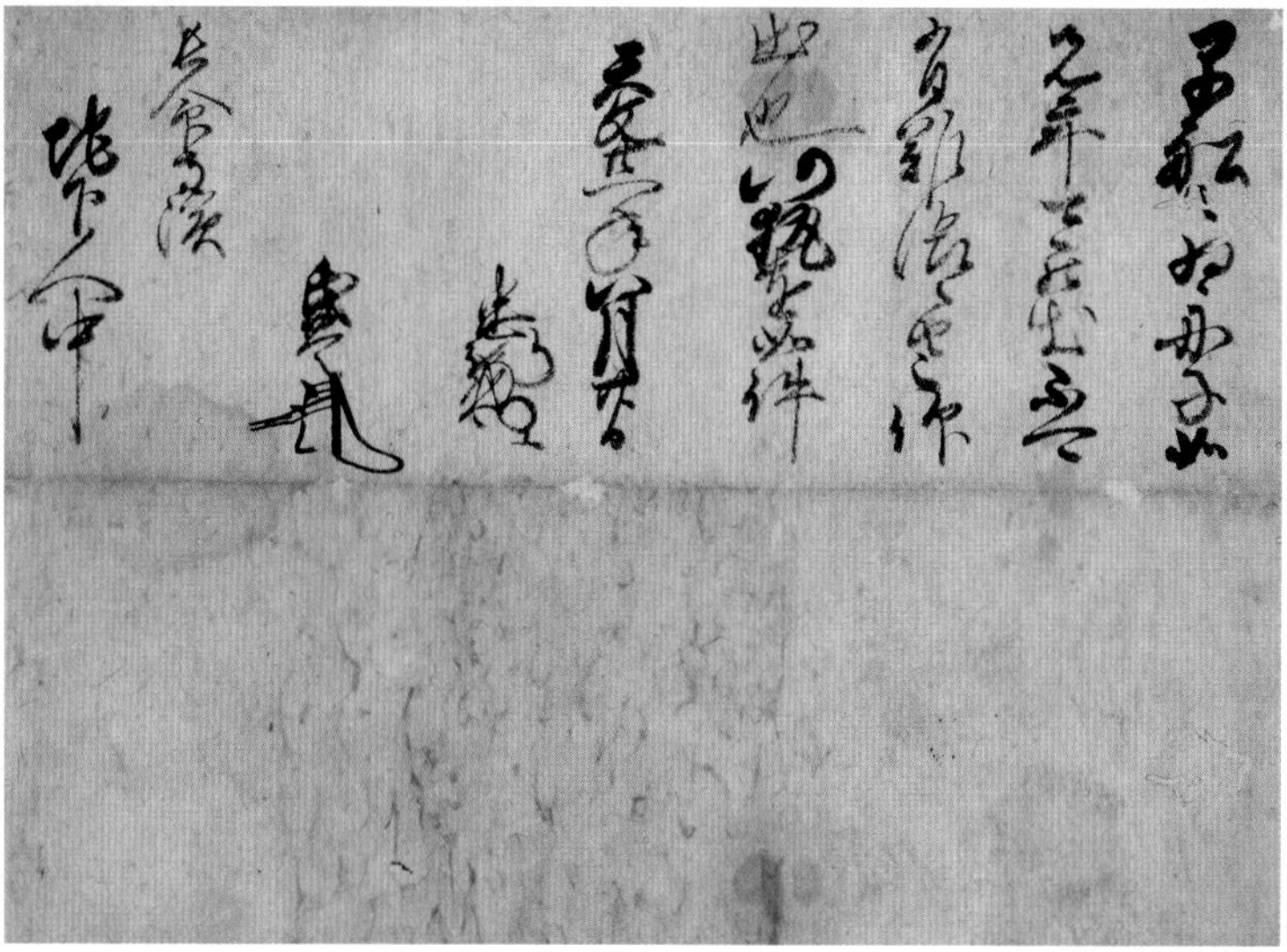

天文21年8月20日付六角氏奉行人連署奉書◆長命寺浜の地下人中に対し、早舟の漕ぎ手を徴発した文書。六角氏当主の意向を受けて、奉行人の能登忠行・後藤氏豊が連名で発給している　滋賀県近江八幡市・長命寺蔵

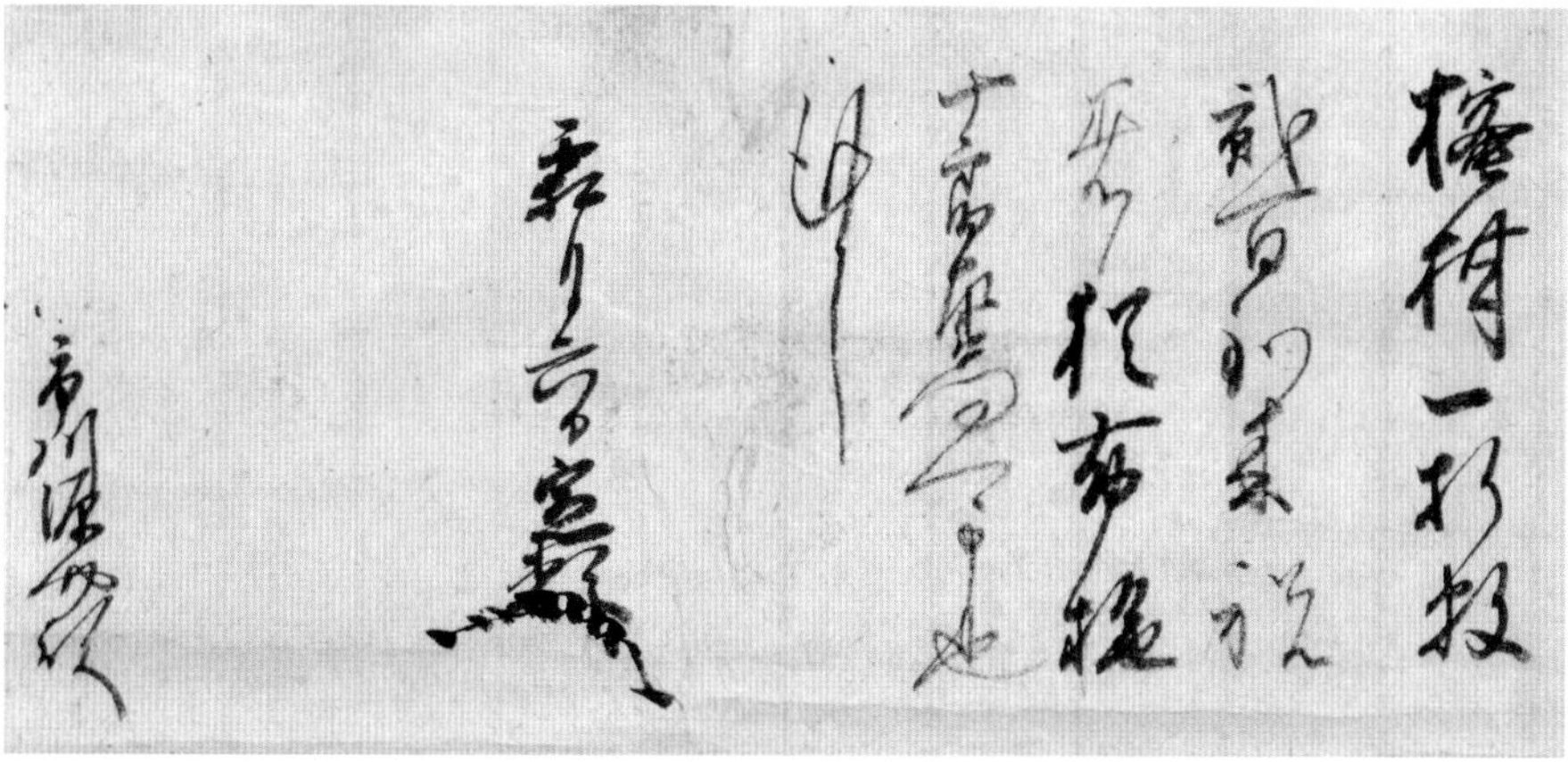

霜月6日付六角定頼書状◆志那（草津市）の湊を管轄していた市川源介に対し、贈答の礼を述べた書状。末尾の文言から、布施十郎左衛門尉が取次をつとめたことがわかる　長浜城歴史博物館蔵

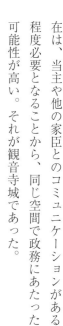

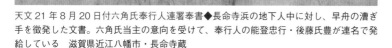

06 観音寺城内に屋敷があった家臣は誰か

前項では、文書発給に携わった家臣たちが観音寺城内で政務にあたった可能性に言及した。では、実際に誰がどの程度城内で暮らしていたのだろうか。

観音寺城内の屋敷配置をうかがわせる資料として、「佐々木古城跡繖山観音山画図」（個人蔵）がよく知られている。同種の近世絵図はいくつか伝存しているが、記載内容や構図はおおむね共通している。そこでは、繖山内に曲輪や石垣の描写が多数みられ、屋敷主である家臣の名前や施設の名称が記されている。ただし、この絵図は地形を精密に捉えたものではなく、現状の縄張との対照はこれだけではほぼ不可能である。

その点、『近江蒲生郡志』所収の「観音寺城趾図」では、実際の地形上に屋敷主の名称が注記されており、場所がわかりやすい。家臣屋敷の比定はその後、田中政三《まさぞう》によってさらに深められ、より詳細な図面が作成された。その成果は、村田修三や藤岡英礼《ふじおかひでのり》の縄張図にも踏襲されている。家臣名を冠した曲輪名の表記は各種案内板やパンフレット、図録などにも採用され、広く認知されている。

だが、文献史学の立場からすると、こうした屋敷地の比定は江戸時代までしかさかのぼることができず、鵜呑みにはできないと考える。同時代の史料では、池《いけ》田《だ》・後藤《ごとう》・進藤《しんどう》・平井《ひらい》などの家臣の在城が確認でき、絵図の描写と重なるところもあるが、残念ながら同時代の史料では活動がうかがえない人名も絵図にはみられる。特に、山頂付近にみえる「沢田《さわだ》」の注記は、『江源武鑑《こうげんぶかん》』との関わりを想起させる。

『江源武鑑』は、沢田源内《げんない》が自らの由緒を六角氏の嫡流に求め、偽りの系譜に基づいて六角氏の歴史を描いたもので、江戸時代にはすでに偽書《ぎしょ》とみなされていた。一方で、そこでの叙述は一般に流布し、周知の事実とみなされることも少なくなかった。それだけ江戸時代の人々に大きな影響を与えた書物といえよう。後述する観音正寺の由緒も、同書に依拠した内容となっている。それゆえ、本絵図についても、基本的には近世人の観音寺城に対する認識を示した資料とみるべきだろう。

伝沢田屋敷跡背後の土塁◆観音寺城の北端に位置する

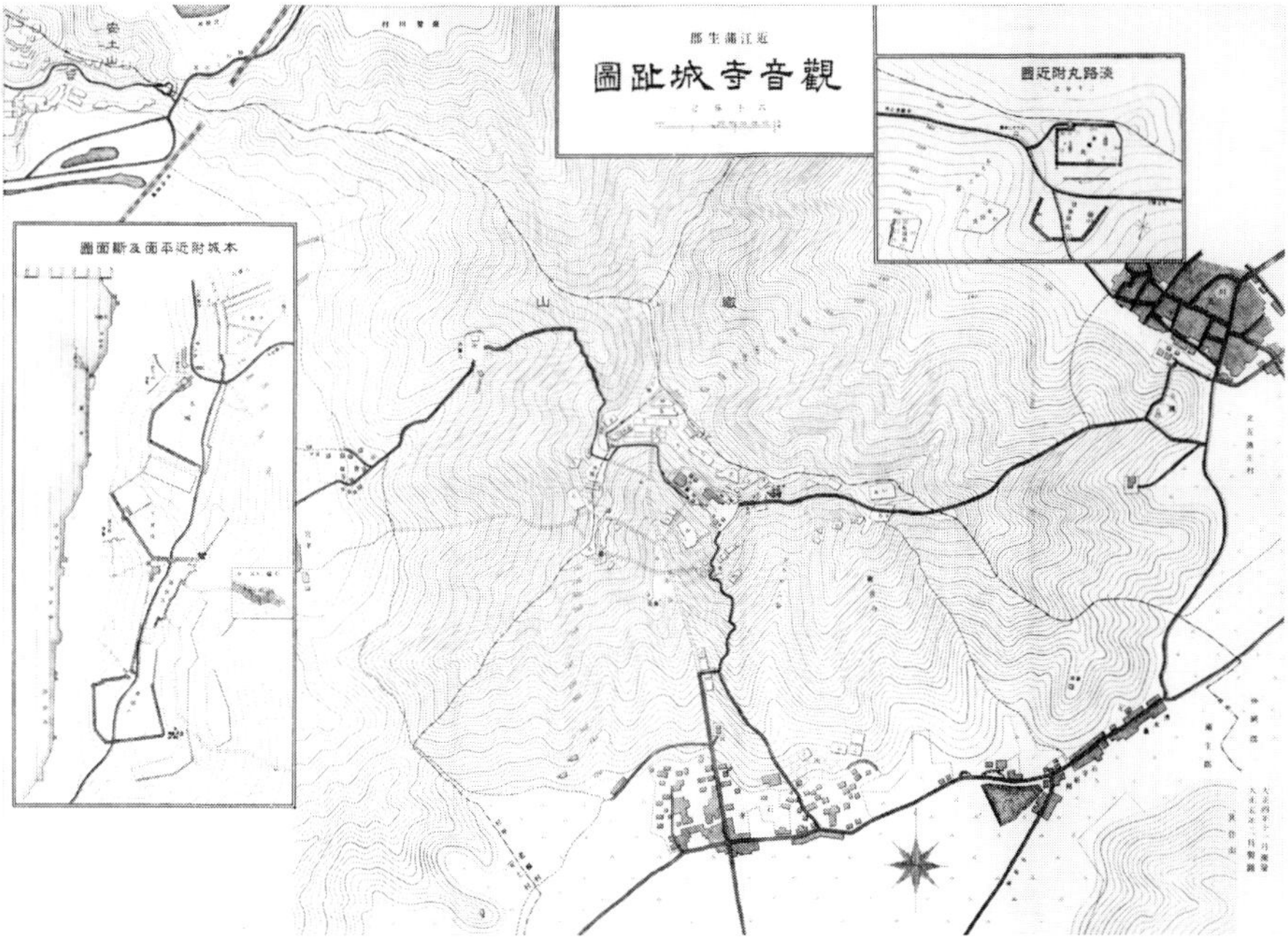

観音寺城趾図（『近江蒲生郡志』二）　国立国会図書館蔵

佐々木古城跡
繖山観音山畫圖
大宮天神
金堂村
大石垣
布施淡路守
古観音谷

佐々木古城跡繖山観音山画図◆個人蔵　画像提供：滋賀県立安土城考古博物館

07 裁許を求めて登城する領民たち

戦国時代の観音寺城には、六角氏権力との接触を求めて多くの領民が訪れた。観音寺城が地域社会から求められた役割の一つに、法廷としての機能がある。永禄元年（一五五八）、保内《ほない》商人は、伊勢道での紙商売の権利をめぐって枝村《えだむら》商人と争い、その申し開きのため観音寺城を訪れた。保内側は六角氏の奉行人に訴状を何度も提出し、必要があれば証人を連れてくると申し入れている。保内側は、正式な訴訟費用である奉行銭に加えて、六角方にたびたび賄賂を渡し、裁判を有利に進めようと画策した。

六角氏は、分国内の寺院と地域社会との結び付きに着目し、さまざまな名目で役を賦課した。湖東三山《ことうさんざん》の一つとして知られる金剛輪寺《こんごうりんじ》（愛荘町）に対しては、臨時の雑税に加えて、石垣普請や機織り、矢篦《やの》の提供といった技術面での協力がたびたび要請された。金剛輪寺はこうした要求を一定程度受容しつつ、負担が大き過ぎる場合は観音寺城を訪れ、担当の家臣と交渉している。城内には、寺奉行と呼ばれる寺院専門の窓口が存在し、寺院からのさまざまな申し立てを受け付けた。

長命寺《ちょうめいじ》（近江八幡市）は、琵琶湖に浮かぶ奥島の山上に位置する。それゆえ、琵琶湖を横断する際の中継地点として六角方にしばしば利用され、兵粮米や礼銭を提供したり、船の徴発を担当している。その一方で、本堂再建のための費用の一部を六角氏家臣から勧進銭《かんじんせん》という形で提供され、受け取りのために観音寺城を訪れている。その取りまとめは、長命寺方との窓口である池田氏が担当した。

一般に城郭は軍事施設であり、機密保持のために外部の立ち入りを厳しく制限すべきものと考えられている。もちろんそうしたエリアも存在したのかもしれないが、同時代の史料をみる限り、観音寺城は多くの人を迎え入れる開放的な面をもっていたように思われる。とりわけ政情が安定している間は、行政的な拠点としての性格が濃厚だったのではないだろうか。このことは、城主である六角氏と領民との関係を知る重要な手がかりになるだろう。

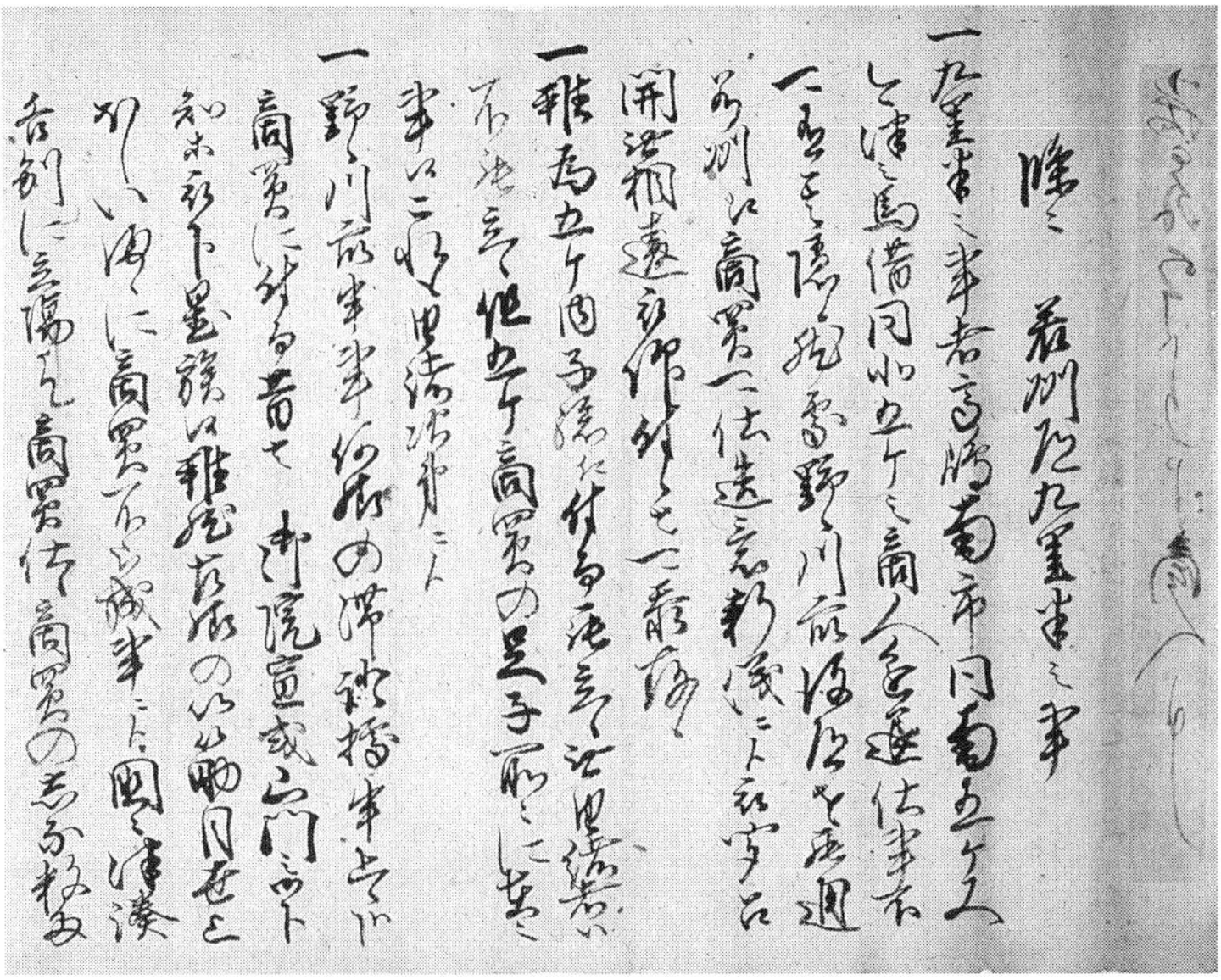

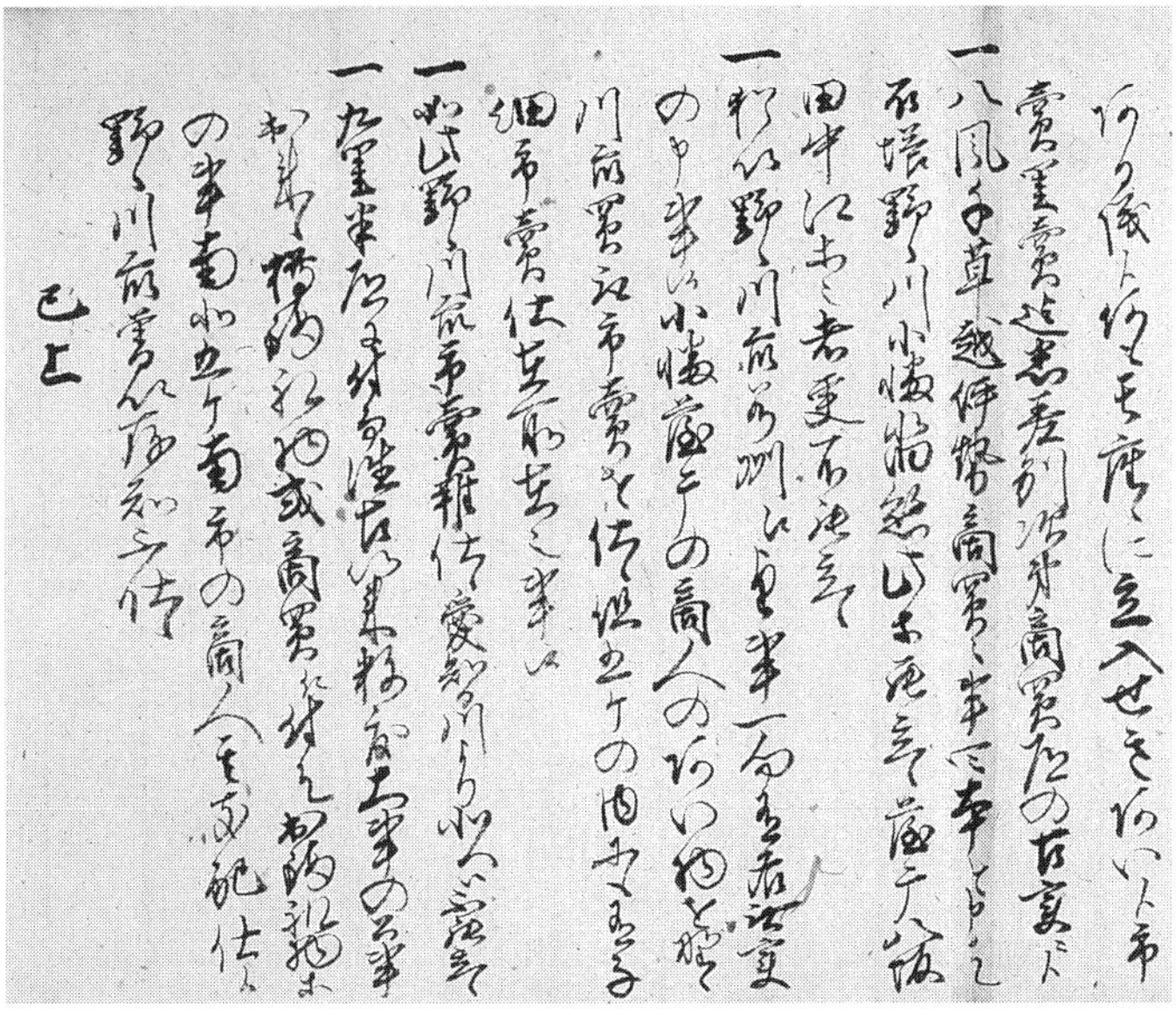

五箇商人申状案◆五箇商人と保内商人は、九里半街道での商業権をめぐって激しく争ったが、保内側が六角氏と結託して勝訴する。その際の五箇商人側の訴状の案文が保内側に残された　滋賀県東近江市・日吉神社蔵　滋賀大学経済学部附属史料館寄託

「近江名所図」に描かれた堅田周辺◆水運の拠点として栄え、六角氏とも関係を有した　滋賀県立美術館蔵

08 六角氏は日本初の楽市令制定者？

楽市令《らくいちれい》は、織田信長《おだのぶなが》の経済政策の代表例として高等学校の教科書には必ず登場する。旧来のしがらみを否定し、自由な商取引を促進するという政策基調は、〝革命児〟信長のイメージにマッチし、新たな時代を切り拓く魔法の杖とみられる向きもあった。しかし、現在では個々の法令の解釈が、地域性や時代相とも関連づけて精緻になされ、従来のような革新的なイメージは相対化されつつある。教科書での扱いも、今後は変わっていくだろう。

観音寺城の城下町石寺には、「楽市」があった。天文十八年（一五四九）、六角氏は枝村惣中に対して、近江国・美濃国での紙商売の権利を認める内容の文書を出す。そのなかに、「石寺新市の儀は楽市たるの条、是非に及ぶべからず」という文言がみられる。つまり、「楽市」である石寺新市では、枝村商人が紙商売を独占的に行うことが認められないのである。

この文書は、日本初の楽市令として注目されてきた。しかし、石寺新市がこれ以前から楽市であることは文言から明らかであり、六角氏がこれを設定したという確証もない。近江国では、在村の商人の活動が早くから確認でき、商業活動上の権益をめぐる争いが頻発した。とりわけ保内商人は、六角氏の後ろ盾も得ながら商圏を広げ、既存の商業権を脅かしていく。そのなかで、枝村商人ら古参の商人たちが、自らの専売権を犠牲にしつつ、保内商人の台頭を抑える目的で「楽市」の慣行を生み出したのではないかと近年では考えられている。

なお、石寺新市については、石寺内に新たに設けられた町場（town）とみる説と、既存の集落の一画に新たに設定された紙商売の市（market）とみる説が提起されている。史料上の「保内町」との関わりからその所在が推定されてきたが、両者を同一視できないという批判もあり、論争が続いている。いずれにせよ、石寺の「楽市」は、戦国大名の政策論としてではなく、近江の商業史や地域社会論の文脈で捉えるほうが理解しやすいだろう。

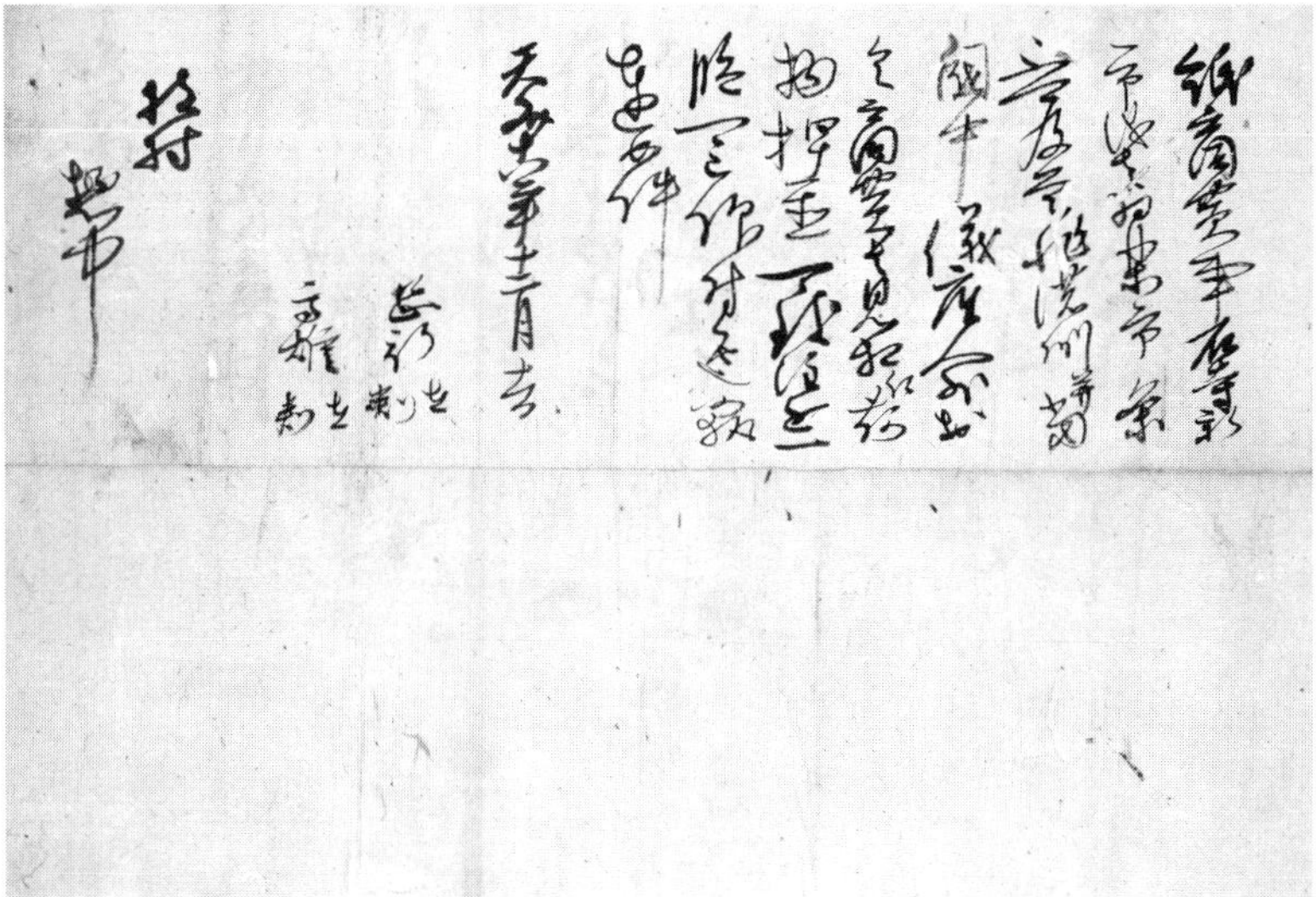

天文18年12月11日付六角氏奉行人連署奉書案◆最初の楽市令として注目されてきた文書。正文（原本）は枝村側に発給され、案文（コピー）が保内側に残されたと考えられる　滋賀県東近江市・日吉神社蔵　滋賀大学経済学部附属史料館寄託　画像提供：滋賀県立安土城考古博物館

石寺の集落◆滋賀県近江八幡市

石寺の集落から望む繖山（観音寺城跡）◆集落の南側は田地となっており、かつては条里地割が残っていたが、現在は圃場整備により景観が変わっている。なお、「石寺新市」の所在地は確定していない

COLUMN

中世の惣村文書にみる領民との向き合い方

惣村《そうそん》とは、主に中世後期になって形成された自治的な村落を指す。惣村は、近世以降の村落共同体のベースになったと考えられるが、中世にさかのぼる惣村の共有文書は数えるほどしか残されておらず、畿内近国に集中している。そのなかで、近江国には菅浦《すがうら》文書（国宝）などの著名な文書群が伝存し、惣村研究の聖地となっている。

このうち、六角氏と村落との関係が最もよくうかがえるのが、今堀日吉神社文書（重要文化財）である。同文書群には、村掟など今堀郷の共同体に関する史料や、保内商人の商業活動に関する史料などが含まれ、中世の村落史・商業史などには欠かせない史料である。

弘治三年（一五五七）、今堀郷は北伊勢への荷駄を六角氏より徴発された際、百姓たちは皆、六角氏家臣の与力や被官として出陣していると返答した。これをどこまで実態とみるかは、議論のわかれるところである。これより前に、六角氏の重臣である後藤高恒が、日野に家を買ったといって今堀郷へ人足の提供を求めており、家臣の影響力が個別に及んでいたことは確かだろう。ただし、特定の六角氏家臣が多くの百姓を被官化しているわけではなかった。被官主を分散させるよう、村内であらかじめ調整が図られたものと考えられている。

被官化を訴願上のレトリックとみた場合、百姓たちのしたたかさはより鮮明になる。保内商人は、他の商人集団との相論を有利に進めるため、偽文書《ぎもんじょ》を作成したことがよく知られている。六角氏は、このように手ごわい領民たちと向き合いながら、統治のシステムを整えていったのである。

第四章　畿内の政局を左右する六角氏

六角義賢（承禎）画像◆「太平記英雄伝」　東京都立中央図書館蔵

01 将軍義晴政権の重鎮となった定頼

足利義晴《よしはる》は、永正八年（一五一一）に近江国内の三《さん》大寺《だいじ》で生まれた。同年、父義澄《よしずみ》は死去し、その直後に船岡山《ふなおかやま》の戦いが起きる。義晴は赤松《あかまつ》氏の庇護のもと、播磨国《はりまのくに》で養育された。永正十八年、義晴は細川高国の支持を受けて上洛し、将軍となった。

しかし、大永七年（一五二七）に桂川《かつらがわ》の戦いで三《み》好元長《よしもとなが》・柳本賢治《やなぎもとかたはる》らの軍勢に敗れ、近江に没落する。翌年、いったん上洛し、細川晴元《はるもと》方との和睦を模索するが、交渉は決裂し、朽木（高島市）に移った。享禄四年（一五三一）、晴元方に呼応する浅井亮政が高島郡に攻め入ったため、義晴は坂本に避難する。

この年、高国が三好方に攻められて自害し、後ろ盾を失った義晴は桑実寺《くわのみでら》（近江八幡市）へ逃れた。桑実寺は、観音寺城が築かれた繖山の西の中腹辺りに位置する。当時の義晴が、六角定頼の庇護を強く受けていたことがうかがえよう。著名な桑実寺縁起絵巻（重要文化財）は、滞在中の義晴が制作を命じ、天文元年（一五三二）に同寺へ奉納したものである。

天文三年、義晴は約七年ぶりに上洛を果たした。だが、天文五年には義輝《よしてる》に家督を譲ることを決め、その補佐役として内談衆《ないだんしゅう》を編成する。内談衆は幕府の政務全般を担当し、そこで判断できない重要な案件については将軍の判断が求められた。さらに、将軍も判断に悩むような案件に関しては、定頼に諮問がなされることもあった。その際、幕府は観音寺城へ使者を派遣し、定頼へ案件の内容を伝え、意見を求めている。

こうした諮問役としての定頼の活動は、義晴の桑実寺滞在時よりみることができる。高国死後の義晴にとって、最大のパトロンは定頼であった。六角氏の長い歴史のなかでも、幕府の政治にこれほど深く関わった時期は他にない。一方で、定頼が観音寺城を拠点とし、ほとんど京都にいなかったことは注意を要する。定頼にとっては、分国の南近江をおさめることも重要であり、幕府の問題にばかり関わってはいられなかったのだろう。それゆえ、近江にいながらの諮問役という形が、最も現実的な対応だったのである。

六角定頼銅像◆六角高頼の子。仏門に入っていたが、兄氏綱が病により死去したため、還俗して家督を継いだ。近江に逃れた足利義晴を支え、天文15年（1546）に義晴から管領代に任じられている　滋賀県東近江市

足利義晴画像◆室町幕府第12代将軍。近江で生まれるなど誕生時から近江との関係が深く、京都が政情不安に陥ると近江に逃れ、朽木氏や六角氏の庇護をうけた。京都に戻ると内談衆を設置するなど幕政の安定に努めた　京都市立芸術大学芸術資料館蔵

桑実寺◆繖山中腹に位置する天台宗寺院。寺名は創建者とされる定恵が唐から桑の実を持ち帰り、この地で栽培を始めたことに由来する。室町時代前期に再建された本堂は重要文化財に指定されている　滋賀県近江八幡市

桑実寺縁起絵巻◆桑実寺建立の由来と本尊薬師如来の霊験を描く。中世の水田景観の中に、豊浦や常楽寺の集落も描いており、安土城および城下町の前史を知る上でも貴重である　滋賀県近江八幡市　桑実寺蔵　画像提供：京都国立博物館

02 天文法華の乱の和睦を取りなす

足利義晴が桑実寺に滞在していた天文元年（一五三二）、対立する足利義維《よしつな》の政権（堺公方《さかいくぼう》）は、深刻な内部対立の末、瓦解する。この年、本願寺《ほんがんじ》の証如《しょうにょ》は、細川晴元の要請を受け、三好元長方に対する挙兵を畿内近国の門徒《もんと》に呼びかけた。元長を堺（堺市）に攻め滅ぼした一向一揆《いっこういっき》は、次第に制御がきかなくなり、独自の動きをとるようになる。そこで、六角定頼は晴元方に加勢し、京都の法華衆徒《ほっけしゅうと》らとともに山科《やましな》本願寺（京都市山科区）を攻めた。山科本願寺は、土塁や堀などの防御施設を巧みに用いた堅固な要塞であったが、二日間の戦闘で陥落した。

一向一揆の鎮圧に貢献した法華衆徒らは、京都の市政権を事実上掌握し、延暦寺との間で軋轢を生むこととなった。天文五年、六角方は延暦寺と法華宗側の和睦に向けて、木沢長政《きざわながまさ》と交渉するが、和睦は実現しなかった。長政は畠山氏と細川氏の間を行き来し、山城・河内・大和の国境域で勢力を誇っていた。定頼は軍勢を東山《ひがしやま》に進め、七月末に大規模な合戦が起きる。これにより、上京《かみぎょう》の三分の一ほどと下京《しもぎょう》の大半が焼失し、法華宗寺院は京都を追われた。

天文十五年、法華宗側は、延暦寺との和睦が実現したときには二万疋（現在の貨幣価値で約二〇〇〇万円）の礼をすると約束し、その執り成しを定頼に求める。定頼の家臣進藤貞治《さだはる》・平井高好《たかよし》は、延暦寺が求める法華宗寺院の末寺化には同意しないとし、交渉にあたった。その結果、延暦寺は、毎年百貫文（現在の貨幣価値で約一〇〇〇万円）の支払いを受けることを条件として、法華宗寺院の京都への帰還と旧地の返還を認めた。法華宗側がその財力を武器にして、自らに有利な形で交渉を進めた様子がうかがえる。

天文法華の乱は、高等学校の教科書では宗教勢力同士の争いとして描かれるが、実際には武家方も含めた畿内の政治抗争とみるべきである。その発生から戦後処理に至るまでの一連の過程で、六角氏は極めて重要な役割を果たした。このことは、前記した義晴政権への参画とも無縁ではなかろう。十六世紀中頃の六角氏は、こうした中央政治の諸問題にも深く関わり、畿内で存在感を増していったのである。

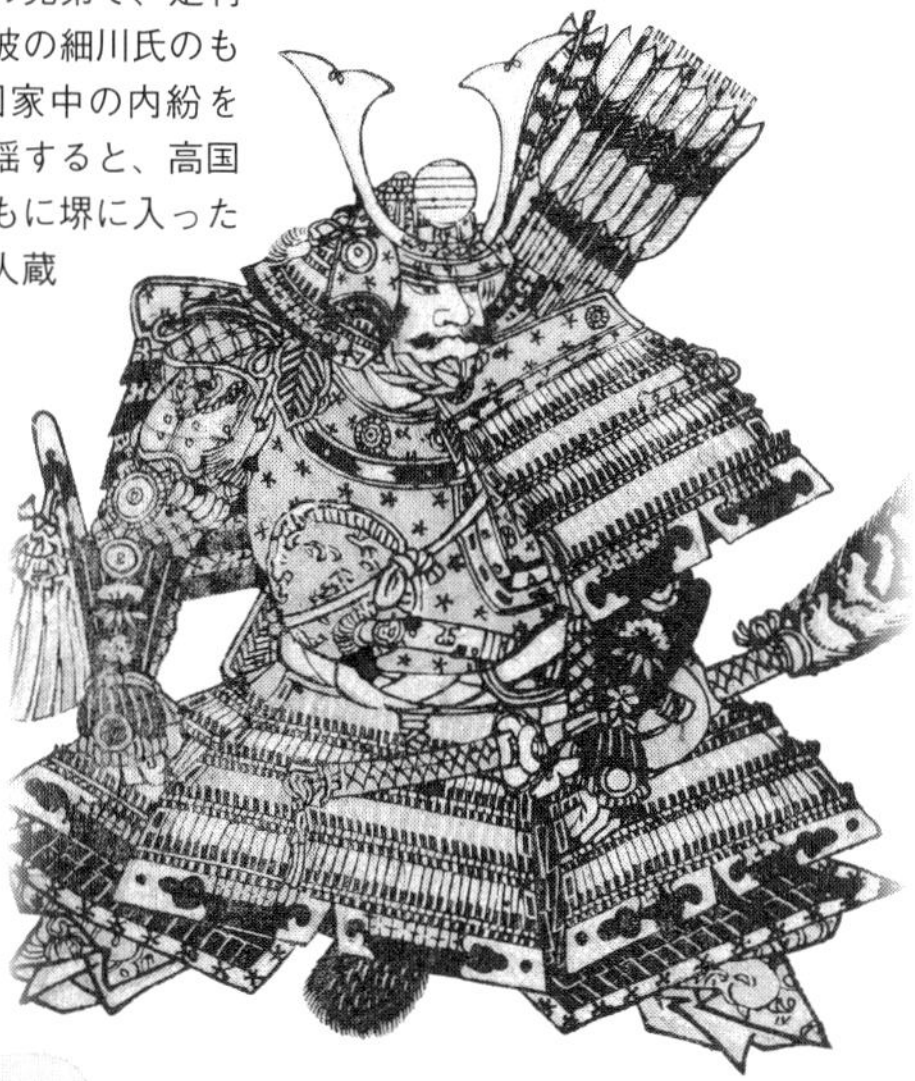

足利義維画像◆足利義晴の兄弟で、足利義稙の養子となった。阿波の細川氏のもとで養育され、細川高国家中の内紛をきっかけに義晴政権が動揺すると、高国と対立する細川晴元らともに堺に入った　『英雄三十六歌仙』　個人蔵

証如上人画像◆蓮如の曾孫で円如の子。祖父実如の死去をうけて本願寺宗主となった。本願寺内の対立である享禄・天文の乱を鎮圧し、体制強化に努めた。こののち織田信長と対立する顕如は証如の子　東京大学史料編纂所蔵模写

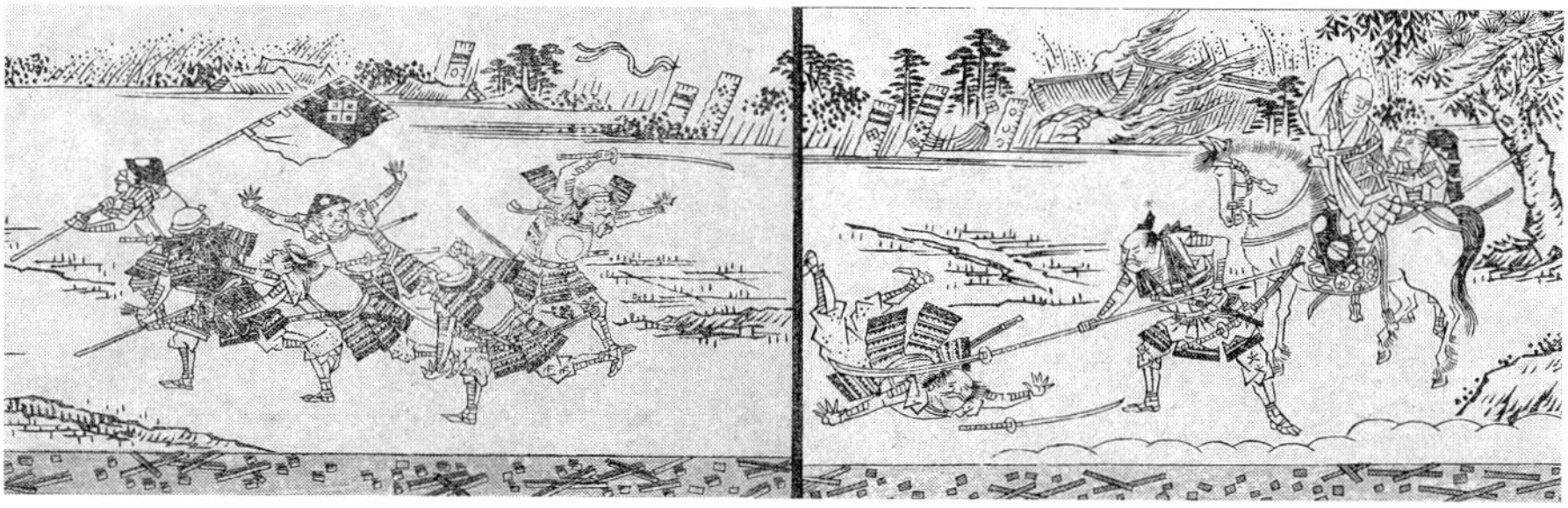

六角定頼による山科本願寺攻めを描いた「佐々木定頼山科の御堂を責る」図◆『石山軍記』　個人蔵

03 足利義輝の元服で加冠役をつとめる

足利義晴の息子義輝は、天文十五年（一五四三）に元服する。この直前、三好方の勢力が摂津国に攻め入り、京都の政情が不安定であったため、元服は坂本の日吉《ひえ》社祠樹下成安《しゃしじゅげしげやす》の邸宅で執り行われた。加冠《かかん》役は現任の管領《かんれい》がつとめる習わしであったが、管領が不在であったため、義晴は六角定頼にこれを命じる。定頼は先例と異なるとして、再三固辞するが、義晴の強い意向により、最終的にはその任にあたることになった。元服の儀は十二月十八日に執り行われ、その翌日に義輝の将軍宣下と義晴の右近衛大将《うこんえのたいしょう》任官が行われた。元服では、定頼の希望により古法にない所作が加えられ、定頼が儀式に主体的に関与したことがわかる。

この頃、義晴は細川晴元を見限り、敵対する細川氏《うじ》綱《つな》と結ぶことを決意する。翌年、義晴は北白川《きたしらかわ》城（京都市左京区）に籠もり、氏綱支持の姿勢を鮮明にした。ところが、定頼は娘婿である晴元に味方し、晴元勢とともに北白川城を包囲する。結局、義晴は定頼の仲介により晴元と和睦し、自ら城を焼いて坂本に移った。この翌年、義晴・義輝父子は上洛を果たす。

晴元は、天文十八年に江口《えぐち》の戦い（大阪市東淀川区）で氏綱を擁する三好長慶《ながよし》の軍勢に敗れ、義晴・義輝父子とともに坂本へ逃れた。義晴は慈照寺《じしょうじ》の背後に中尾《なかお》城（京都市左京区）を築き、京都奪還を目指すが、年末に水腫を患い、翌三月に滞在先の穴太《あのう》（大津市）で亡くなる。同時代の史料によると、死期を悟って自害したのだという。

義晴は、その生涯のなかで近江に滞在した期間が長く、六角氏の支援を必要とし続けた。そのなかで、六角氏は政治的な地位を上昇させていく。定頼が義輝元服の加冠役をつとめたことは、こうした両者の密接な関係を象徴するものといえよう。だが、両者は常に同じ方向を向いていたわけではない。義晴が、将軍の権力基盤を維持するために氏綱方との提携を模索する一方、定頼は義晴と晴元の連携を前提に、畿内政治の安

足利義輝画像◆足利義晴の子で室町幕府第 13 代将軍。諸大名が在京しなくなる中で、地方の戦国大名・国衆に積極的に連絡を取り、新たな秩序の形成を図っている。自身の元服で加冠役をつとめた六角定頼とも良好な関係を築いた
国立歴史民俗博物館蔵

中尾城跡の堀切◆京都市左京区

定化を目指したものと思われる。定頼は、義晴が期待したほど従順ではなかったのである。

04 諸大名との婚姻による連携強化

婚姻関係が政治色を強く帯びるのは、世の常である。六角氏も、近隣の大名家などと婚姻を結び、関係の維持につとめた。天文六年（一五三七）、六角定頼の娘は後藤・三上《みかみ》・下笠らを伴って上洛し、波多野《はたの》・池田・木沢らの出迎えを受ける。こうして細川晴元との婚儀がなり、晴元と定頼の政治的な結び付きは強固なものとなった。また、天文八年には、定頼の息子義賢と能《の》登国《とのくに》の畠山義総《よしふさ》の娘との婚姻が成立している。天文の前半期は、定頼の幕政への関与が顕著になる時期であり、それに合わせて近隣の諸大名との連携強化が模索されたのだろう。

高頼と定頼は、ともに美濃国の土岐家から妻を迎えており、六角家と土岐家は代々重縁の間柄であった。天文十九年から二十年頃、土岐頼芸《よりのり》は斎藤道三《どうさん》によって美濃国を追われるが、六角氏は頼芸を近江国にかくまっている。

ところが、永禄三年（一五六〇）には六角義治と一色（斎藤）義龍《よしたつ》の娘の縁談が浮上し、義治の父義賢は激怒する。斎藤家との縁組は、土岐氏との代々の重縁に基づき頼芸を保護したことと矛盾するからである。義賢はこの件で義治を問い質すが、義治は永源寺（東近江市）へ逼塞してしまう。義賢は、若年の義治へ適切に意見しなかったとして、年寄（宿老）五名を激しく叱責している。これが、六角承禎条書案（春日家文書）である。

この条書は、道三の二代にわたる下剋上を記した同時代史料として有名である。そこでは、道三・義龍が悪逆を尽くして成り上がったことが強調されており、そのような醜悪な勢力と同盟を結ぶことがいかに愚かな判断であるかが切々と説かれている。

道三父子へのこのような嫌悪感は、六角氏の家格に対する意識を反映しているとみることができよう。六角氏が婚姻関係を結んだのは、細川・能登畠山・土岐といった旧来の大名クラスである。いかに勢力が大きかったとしても、家柄が釣り合わなければ縁組には至らなかったのである。これに関わって、浅井長政が六角氏家臣平井定武《さだたけ》の娘を一時妻としていたことは注目される。浅井氏はもとは京極氏の家臣であり、北近江の実質的な支配者となってもその位置づけは変わらなかったのだろう。

土岐氏略系図

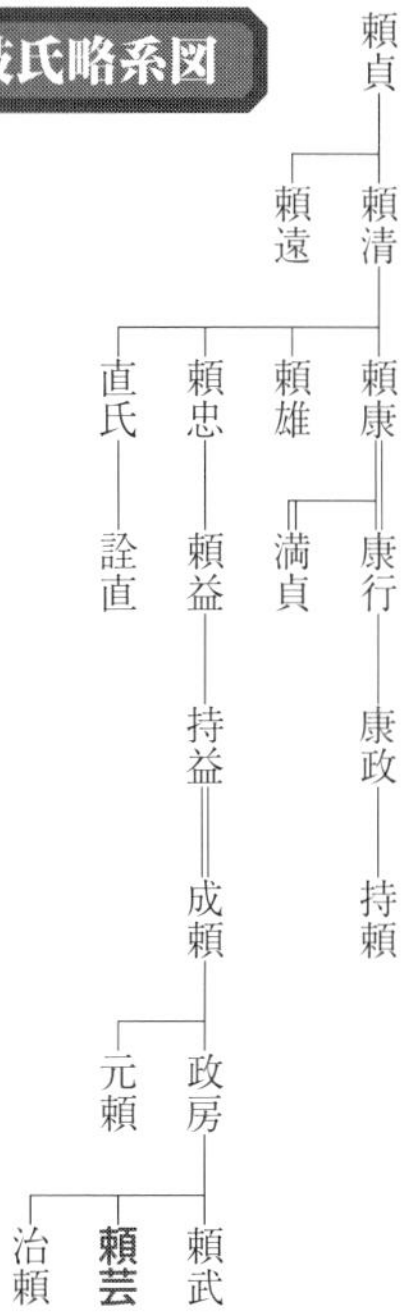

能登畠山氏略系図

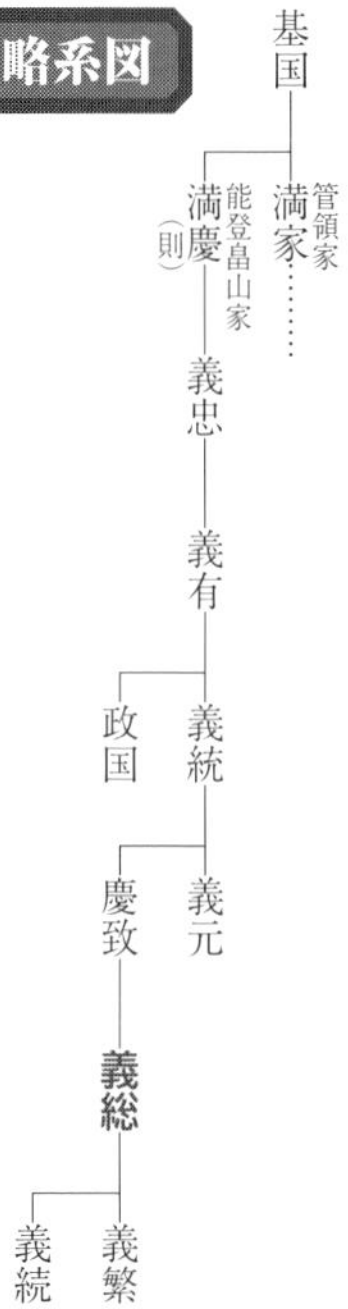

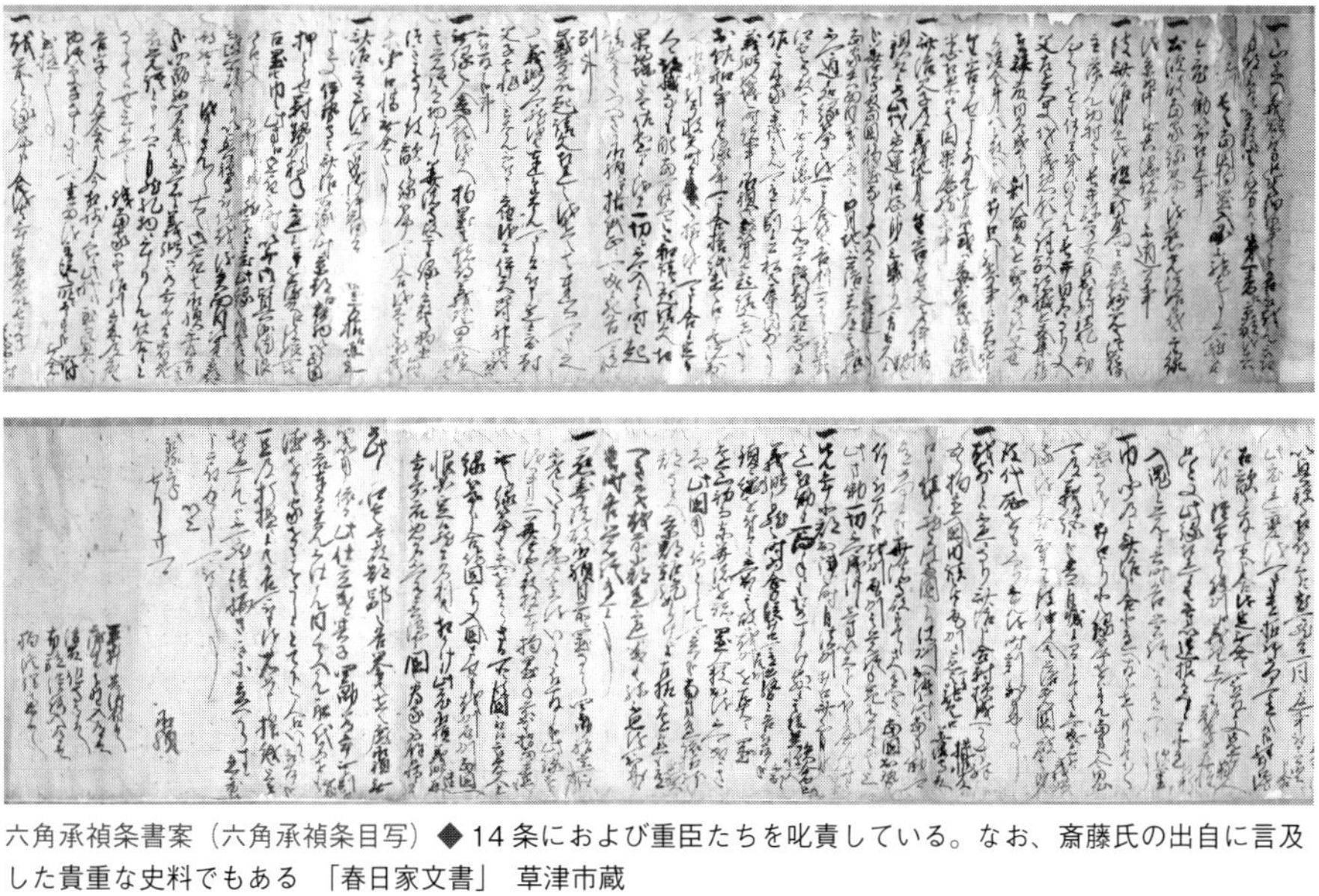

六角承禎条書案（六角承禎条目写）◆14条におよび重臣たちを叱責している。なお、斎藤氏の出自に言及した貴重な史料でもある　「春日家文書」　草津市蔵

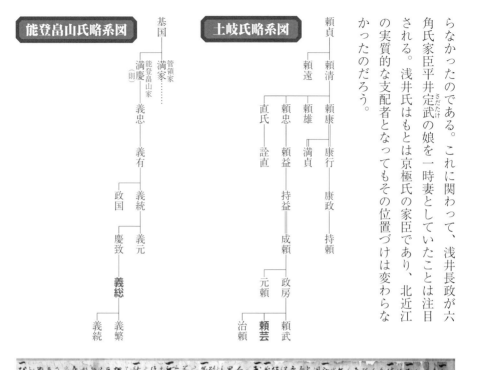

05 反三好包囲網の主力になる

三好長慶は細川晴元の家臣であったが、天文十八年（一五四九）、対抗する細川氏綱を擁して兵を挙げ、江口の戦いで晴元方を破る。このとき、六角定頼は晴元勢を後方から支援するため、京都近郊に軍勢を配備していたが、敗北の知らせを受けて近江に撤退した。

天文二十一年、六角義賢は長慶と和睦する。義賢は長慶の子義興《よしおき》を人質として受け取り、三好方には細川晴元の子昭元《あきもと》が送られることとなった。足利義輝は帰京を果たし、長慶を御供衆《おともしゅう》に任命する。ところが、義輝は翌年には晴元を赦免し、長慶の討伐を命じた。長慶はこれを蹴散らし、義輝は朽木へ逃れる。永禄元年、義輝は勝軍山《しょうぐんやま》城（京都市左京区）に籠もって三好勢に相対するが、結局和睦し、同三年には長慶を御相伴衆《ごしょうばんしゅう》に任じた。

こうした三好氏の台頭に、周辺の大名たちは脅威を感じ、次第に連帯を強めていく。永禄四年、長慶と晴元の和睦が成立すると、六角氏は勝軍山に在陣し、三好方への敵対姿勢を鮮明にする。河内国の畠山高政《たかまさ》は六角氏と連携し、和泉国《いずみのくに》で三好方と対戦した。永禄五年三月の久米田《くめだ》（大阪府岸和田市）の戦いでは、長慶の弟実休《じっきゅう》が討ち死にするが、五月の教興寺《きょうこうじ》（同八尾市）の戦いでは三好方が勝利し、畠山方についた紀伊《きいの》国《くに》の湯河直光《ゆかわなおみつ》が討ち死にしている。これを受けて、六角義賢は長慶と和睦し、近江に帰国した。

三好勢に対陣した約一年の間、六角氏は洛中に大量の禁制《きんぜい》や掟書を発給しており、京都に軍事的な影響力を強く及ぼしたことがうかがえる。また、畠山氏ら南方の勢力とも結び、三好勢に対する包囲網を敷いたことも注目される。畿内中枢を押さえる勢力に周辺の大名たちが反発し、包囲網を形成する動きは、後年の織田信長の時期に顕著にみることができる。近年、三好氏の畿内支配は織田政権の前提となる重要な要素を含んでいたと評価されているが、政治構造の上でも共通性が認められるのである。

三好氏略系図

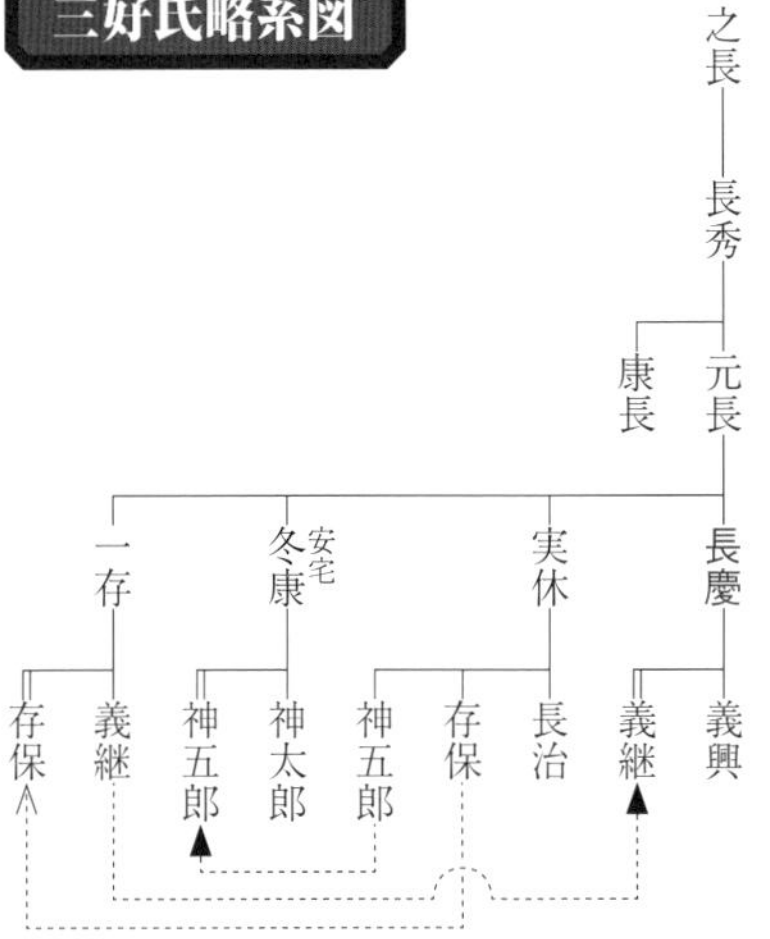

天野忠幸『三好一族と織田信長』（戎光祥出版、2016 年）掲載図をもとに作成

三好長慶像◆三好長慶は近年、信長に先駆けて畿内の統一を進めたとして評価が高まっている　東京大学史料編纂所蔵模写

反三好包囲網の主力の一つであった六角氏は、この翌年に深刻な危機に見舞われることになる。それについては、章を改めて詳しくみることにしよう。

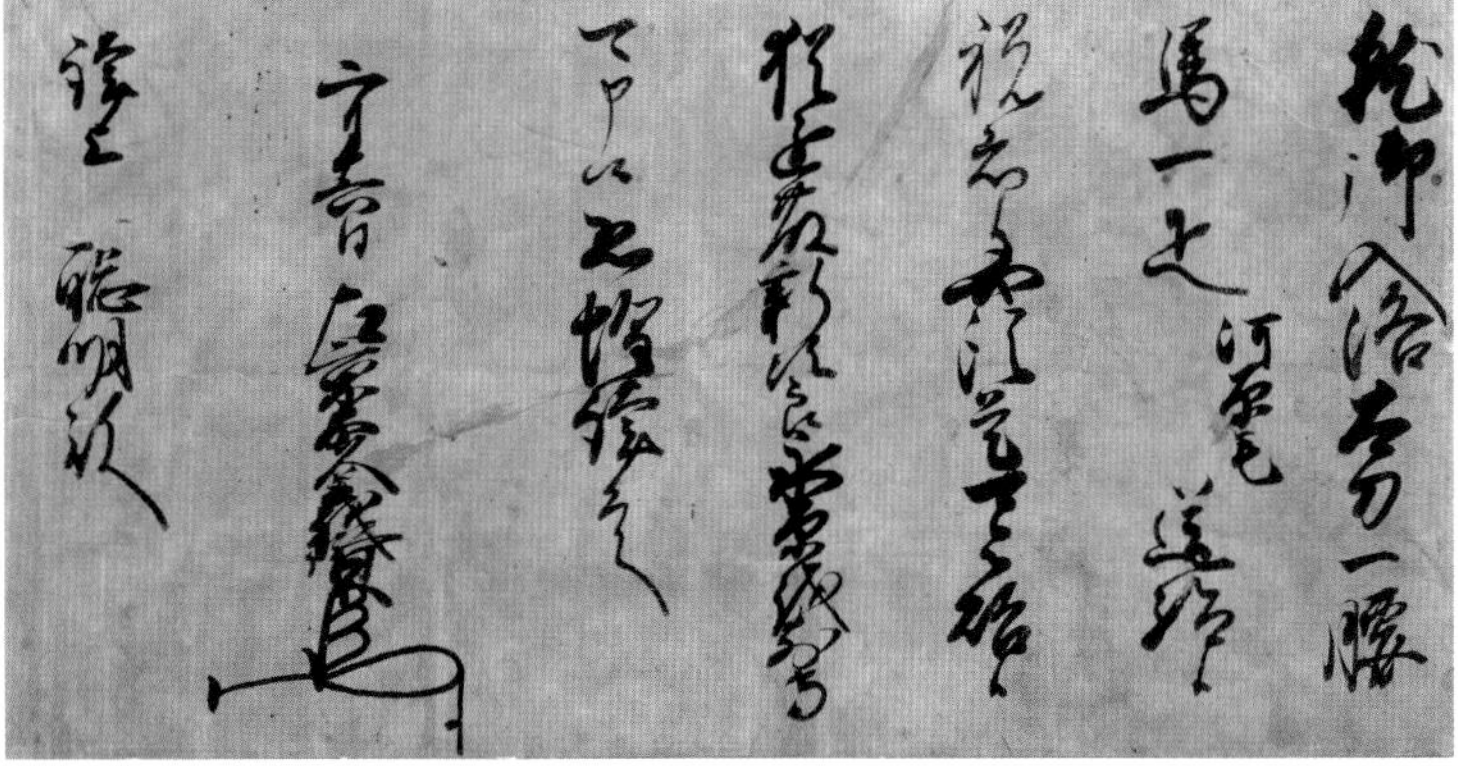

（天文 21 年）2 月 16 日付六角義賢書状◆天文 21 年、細川昭元は入洛に際して、六角義賢へ太刀と馬を送った。本史料はそのことへ義賢が謝意を表したもの　滋賀県立安土城考古博物館蔵

06 外交を担う家臣たちの人脈

十六世紀中頃以降、六角氏は対外的な活動を活発化させていくが、その実務を担ったのは特定の家臣たちであった。進藤貞治は六角定頼に重用され、奉行人奉書の発給や当主書状の取次などを数多く手がけた。先述した天文法華の乱では、平井高好とともに講和の交渉にあたっている。六角氏への訴訟の披露を荘園領主から求められることも多く、対外的にもその役割が期待された。後述する連歌の事例から、観音寺城内に屋敷をもっていたことは確実である。

永原氏は、六角氏の重臣馬淵氏の家臣であったが、十六世紀に六角氏の外交活動において顕著な活躍をみせるようになる。天文八年（一五三九）、定頼は細川晴元と三好長慶の和睦を調停し、その証として長慶は芥川城《あくたがわ》（大阪府高槻市）を明け渡すが、永原氏は進藤貞治とともに同城の受け取りにあたった。永原氏は幕府や中央の寺社・貴族などとも独自のパイプをもち、そうしたネットワークを活かして六角氏の外交にあたった。一方で、進藤氏とは異なり、六角氏の内政への関与はほとんど確認できない。観音寺城での政治や儀礼の場にも姿をみせず、基本的には野洲郡の上永原城（野洲市）で活動したとみられる。

三雲《みくも》氏は、六角氏の京都での軍事行動において、蒲生氏とともに中心的な役割を果たした。永原氏と同様に、幕府や貴族との直接的なつながりが認められ、京都でもその存在は知られていた。六角氏の文書発給への関与が増すのは、後述する観音寺騒動以後である。最末期に六角氏の権力が動揺するなかで、三雲氏は軍事・外交上の力量をもって当主を支え続けたのである。本拠の三雲（湖南市）周辺は、後に織田信長に対する六角方の抵抗の拠点となっている。

このように、外交面で顕著な活動をみせる家臣は、当主との関係が深く、独自の人脈をもっている場合が多い。六角氏に限らず、戦国大名の外交ではこうした人と人のつながりが重要視された。それゆえ、外交上の仕組みが体制的に整えられていたわけではなく、内政との切り分けもあいまいであった。

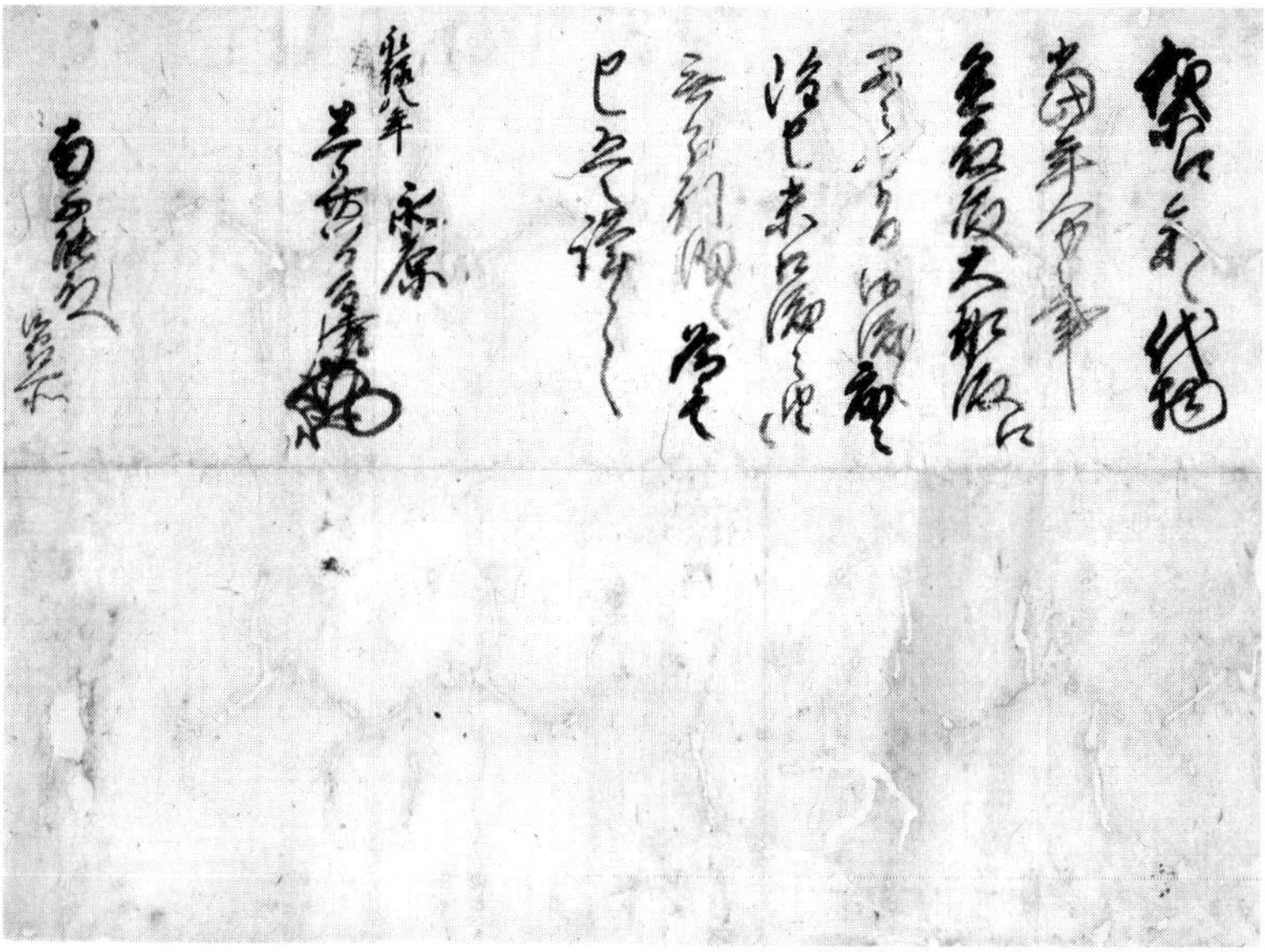

永禄８年12月28日付永原重虎書状◆堅田諸侍の一人、南氏へ貢納物の催促を行った文書。貢納先の一つに進藤殿の名がみえ、進藤氏と永原氏の関係が偲ばれる　滋賀県立安土城考古博物館蔵

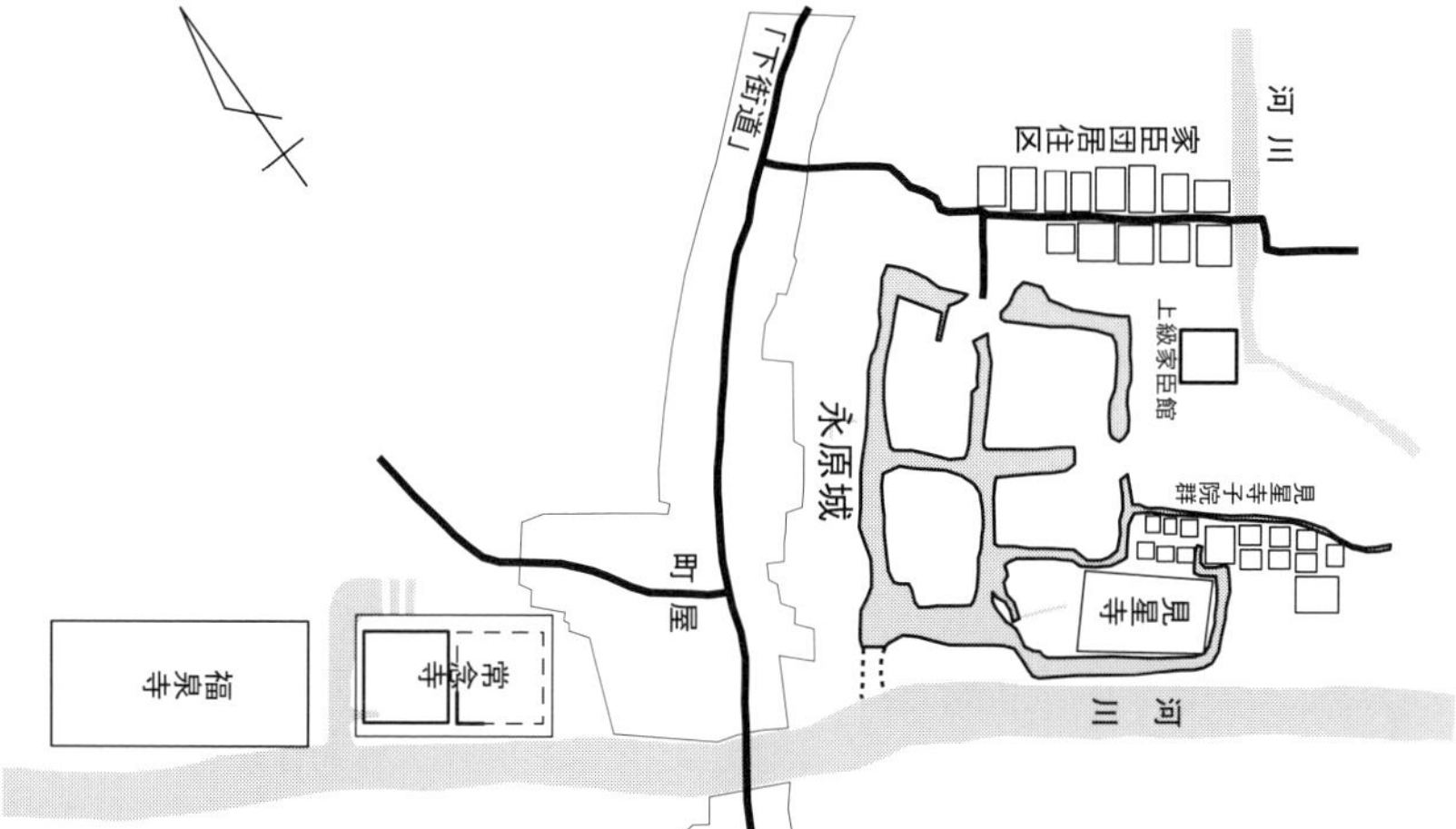

上永原城復元図◆織田権力の地域拠点として一時機能し、改修を受けているが、屋敷地や寺院が並立する基本プランは永原氏の段階を踏襲しているとみられる　野洲市教育委員会蔵

07 観音寺城を訪れる公家・寺僧たち

十六世紀には、京都の公家や寺僧らがたびたび観音寺城を訪れるようになる。その要因の一つは、前記した六角氏の幕政への関与に求められる。

天文七年（一五三八）、大徳寺塔頭《だいとくじたっちゅう》如意庵《にょいあん》と千秋晴季《せんしゅうはるすえ》との間で土御門《つちみかど》敷地をめぐる相論が起き、大徳寺の雲叔宗慶《うんしゅくそうきょう》は六角定頼の執り成しを求めて近江に下向した。そのときの日記によると、一行は坂本から木浜《このはま》（守山市）にわたり、野洲川と仁保川《にほがわ》で渡し舟に乗り、観音寺に向かった。「ハタコ観音寺宿」とあり、麓の石寺に一定の宿泊機能が備わっていたことがうかがえる。この件は、定頼の寵臣である進藤貞治が担当し、諸々の調整が行われた。木浜は進藤氏の本拠とされ、道中の宿泊に便宜を図った井口氏は進藤氏の家臣としてみえる。

定頼は相国寺鹿苑院《しょうこくじろくおんいん》の僧であったが、兄氏綱が病弱であったため、永正十一年（一五一四）頃より六角氏の政務を担うようになる。そのこともあってか、相国寺の僧が頻繁に観音寺城を訪れている。天文八年、僧録司《そうろくし》の梅叔法霖《ばいしゅくほうりん》らは近江に下向し、観音寺城に登城した。一行は神崎左京亮《かんざきさきょうのすけ》の屋敷で歓待を受けた後、「屋形」にて定頼・義賢父子らと対面した。その後、大原高保《おおはらたかやす》（定頼弟）や進藤貞治・種村貞和《たねむらさだかず》らの屋敷にも赴いている。このように城内の各所を訪れながら、滞在は三日間に及び、最終日には六角氏の家臣らに見送られながら下山した。

『言継卿記《ときつぐきょうき》』の記主として知られる山科言継《やましなときつぐ》は、弘治二年（一五五六）、義母中御門《なかみかど》氏を駿河《するが》に訪ねているが、その途中に観音寺城麓の石寺で宿泊している。このとき、六角義賢は咳気《がいき》（咳の出る病気）を患っていたため、言継は奏者の三雲三郎左衛門尉を通じて贈り物を渡した。言継は伊勢国楠（三重県菰野町）までの人夫を所望し、進藤賢盛《かたもり》がこれを手配した。進藤は、千草・楠方面への過所《かしょ》（関所の通行手形）の発給にもあたった。同様に、三雲も甲津畑《こうづはた》（東近江市）までの馬を手配し、一行が円滑に通行できるよう尽力している。

このように、戦国期の観音寺城には、国外の貴人をもてなす迎賓館のような役割もあった。そこでは、当主だけでなく家臣たちも応対にあたり、六角氏の対外的な活動を支えていたことがうかがえる。

相国寺◆臨済宗相国寺派の大本山で、京都五山第二位。永徳２年（1382）、足利義満の発願により花の御所隣接地に創建された。開山は夢窓疎石。定頼のほか、室町期の当主久頼も当初は相国寺の僧であったなど、六角氏と縁が深かった　京都市上京区

観音寺城が所在する繖山から麓を望む

08 観音寺城で盛んに開かれた連歌会

観音寺城では、六角氏当主や家臣たちが日常生活を送るなかで、さまざまな文化的活動が行われたと考えられる。彼らが打ち込んだものの一つに、連歌《れんが》がある。大永三年（一五二三）、連歌師の宗長《そうちょう》は朝倉宗滴《あさくらそうてき》を越前国に訪ね、その帰路に観音寺城で連歌を詠んだ。そこには、永田高弘《たかひろ》・三上頼安《よりやす》・後藤高恒・種村貞和ら六角氏家臣の名がみえる。このうち種村貞和は、大永四年に宗長・宗碩《そうせき》へ三人千句の興行を要望し、両名が三条西実隆《さんじょうにしさねたか》を説得した結果、宗碩の草庵にて「伊庭千句」が執り行われた。家臣たちの連歌への執心ぶりがうかがえよう。

天文十三年（一五四四）、宗牧《そうぼく》は東国への旅の途中に近江を訪れ、瀬田《せた》（大津市）の山岡《やまおか》氏に歓待された後、永原（野洲市）で宿泊した。当地の永原氏は、明応五年（一四九六）に「永原千句」を興行したことで知られ、連歌に造詣が深かった。西庄（近江八幡市）に着いた宗牧は、慈恩寺《じおんじ》の月次連歌会に誘われ、観音寺城より下山した六角氏家臣たちと連歌を行う。その後、観音寺城へ登城し、病気療養中であった定頼と対面する。次の間に六角義賢・大原高保・永田氏弘《うじひろ》や碁打《ごうち》・猿楽《さるがく》師《し》が控えるなか、宗牧は眺望の良い二階の座敷に招かれ、名物の茶道具をふんだんに用いた茶の湯で歓待された。退出後、弟子の宮内卿《くないきょう》には、青蓮院流《しょうれんいんりゅう》の祖として著名な尊円法親王《そんえんほうしんのう》の詩歌一巻が義賢から与えられた。これは、義賢が収集した秘蔵の品であったという。

宗牧らは、二十五日もの間観音寺城に滞在した。その間、進藤貞治・平井高好らの屋敷に招かれ、連歌を行っている。永田氏弘が主宰した日待の連歌には、進藤・平井に加え、「伊庭千句」を興行した種村貞和も参加している。

この天文十三年の事例では、連歌だけでなく、碁や猿楽、茶の湯、詩歌などさまざまな文芸を垣間見ることができる。これらは、戦争や政治に明け暮れる武士たちの心を和ませるとともに、交流の場を広げる役割を果たしたと考えられる。戦国期の拠点城郭には、こうした文化的なサロンとしての側面も備わっていたのである。

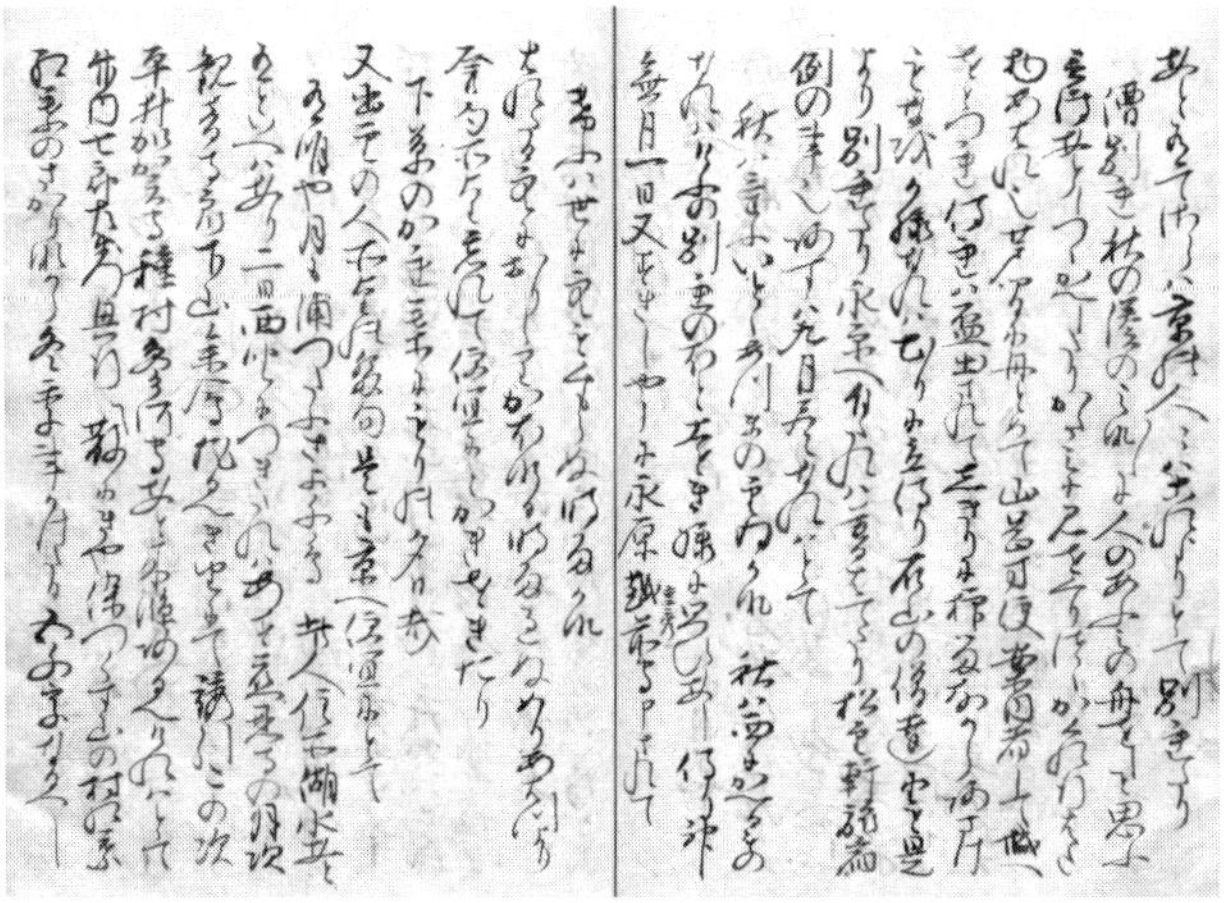

「東国紀行」◆連歌師宗牧によって著された紀行文。天文13年に東国への旅の途中で近江を訪れた宗牧は、六角定頼や家臣たちの歓待をうけ、約1ヶ月にわたって滞在した。その間行われた連歌の模様を詳細に記している　国立国会図書館蔵

観音寺城跡から出土した青磁算木文香炉◆「東国紀行」には、定頼が連歌会とともに茶の湯で宗牧をもてなし、定頼が多数の名物茶器を所有していたことを記している。『親俊日記』にも将軍義晴に茶器を献上したことが見えており、定頼は茶の湯に通じていたようだ　滋賀県立安土城考古博物館蔵

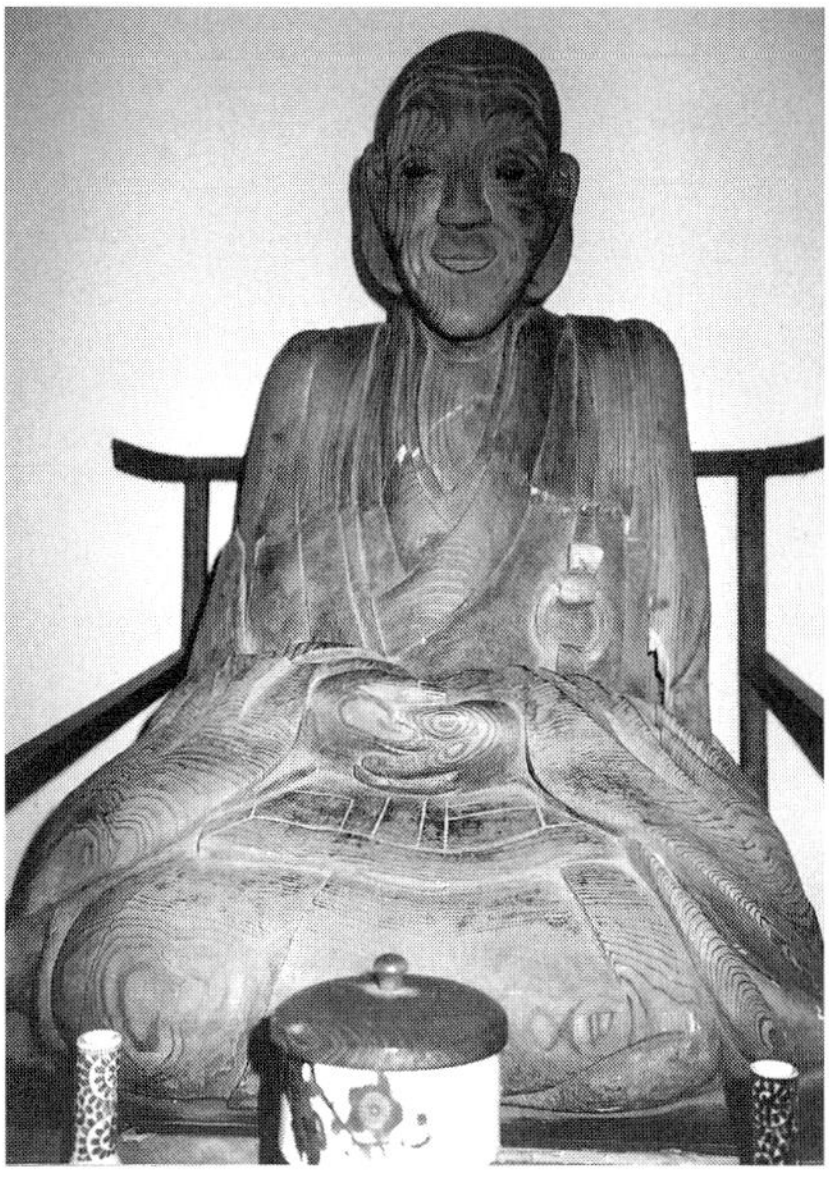

宗長木像◆連歌師で柴屋軒と号した。「宗長日記」「宗長手記」「東路のつと」など数々の作品を残すとともに、駿河の今川氏親に仕え、各地の大名・武将と交流をもった　静岡市駿河区・柴屋寺蔵

COLUMN

琵琶湖の湖上交通を盛んに用いた六角氏

陸路が中心となった現代では、琵琶湖は滋賀県下の交通を制約する面が大きいが、前近代では人やモノの行来に重宝された。六角氏も、国内外の移動に琵琶湖の湖上交通を盛んに用いている。

近江西部の堅田（大津市）は、下鴨《しもがも》神社の御厨《みくりや》であることから、湖上を自由に通行することが認められていた。また、琵琶湖のくびれ部に位置し、前を通行する多くの船に対して、航海の安全を保障する上乗権《うわのり》を行使した。六角氏は、こうした堅田の特権的な地位を容認する立場をとる。十六世紀後半、六角氏は浅井方との対戦に際してたびたび荷留めを行っているが、堅田の舟に関しては期限を区切って通行を認めている。六角氏は自身の移動や物資の輸送に際して、堅田の助力を得ることもあったとみられ、堅田からの要請にはできる限り応えようとしたのだろう。

堅田以外では、六角氏は長命寺に舟の供出を命じている。長命寺が位置する奥島は、かつては湖上に浮かぶ島であり、長命寺はある程度自前で舟を確保できたのだろう。また、志那《しな》（草津市）の湊を管轄していた市川《いちかわ》氏からも舟を提供されており、たびたび贈答も受けている。豊臣政権のもとで船奉行をつとめる芦浦《あしうら》観音寺とは、十五世紀末よりやりとりが確認できる。

このように、六角氏は湖上交通に関わる勢力を個別に把握し、それぞれの立場や権益を認めて自己の勢力下に位置づけた。統一政権のような一元的な掌握を志向しなかった点に、六角氏の特色があらわれているといえよう。

第五章　名城・観音寺城の構造

伝淡路丸跡の石垣

観音寺城縄張図

（作図：藤岡英礼）

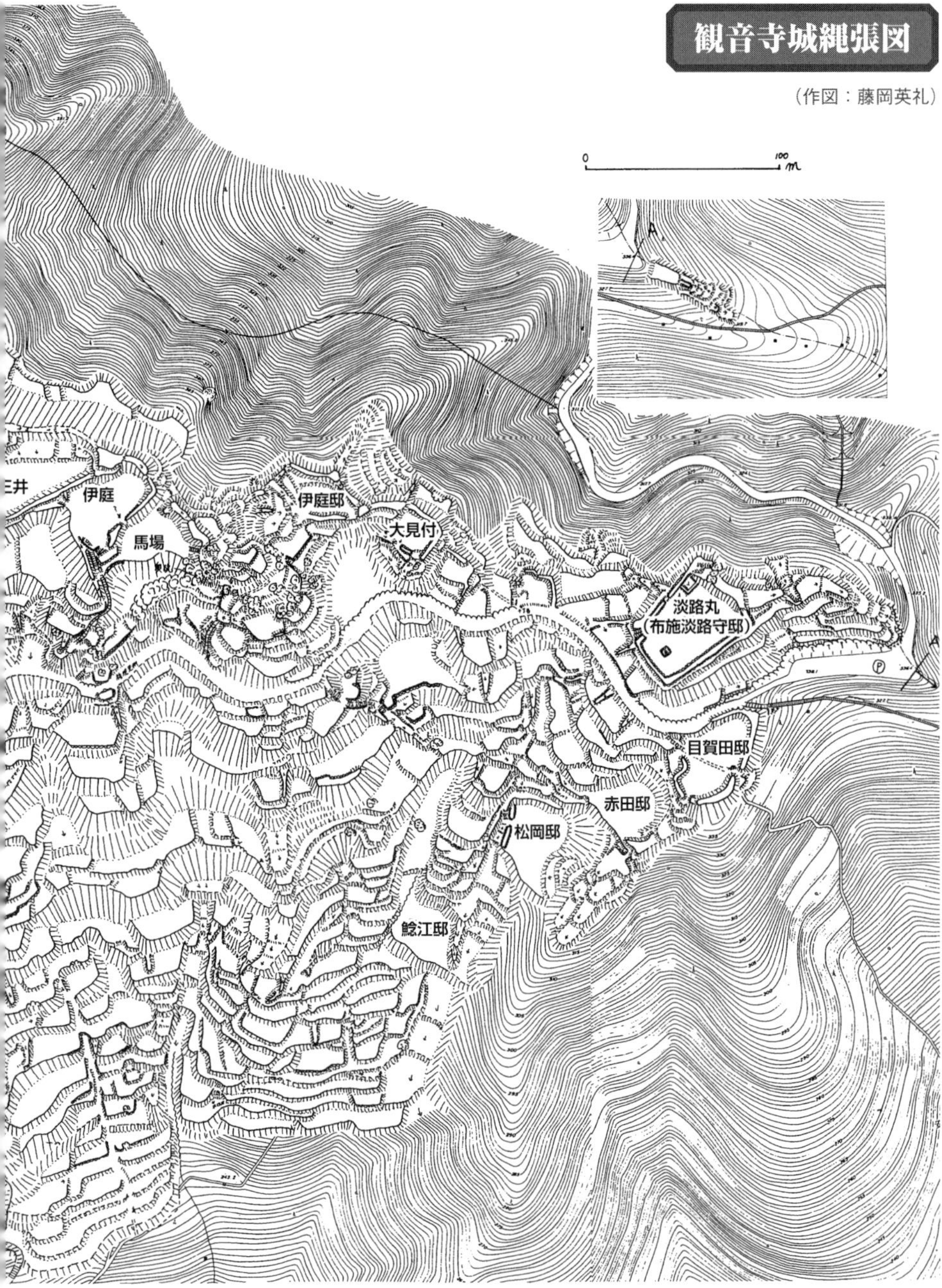

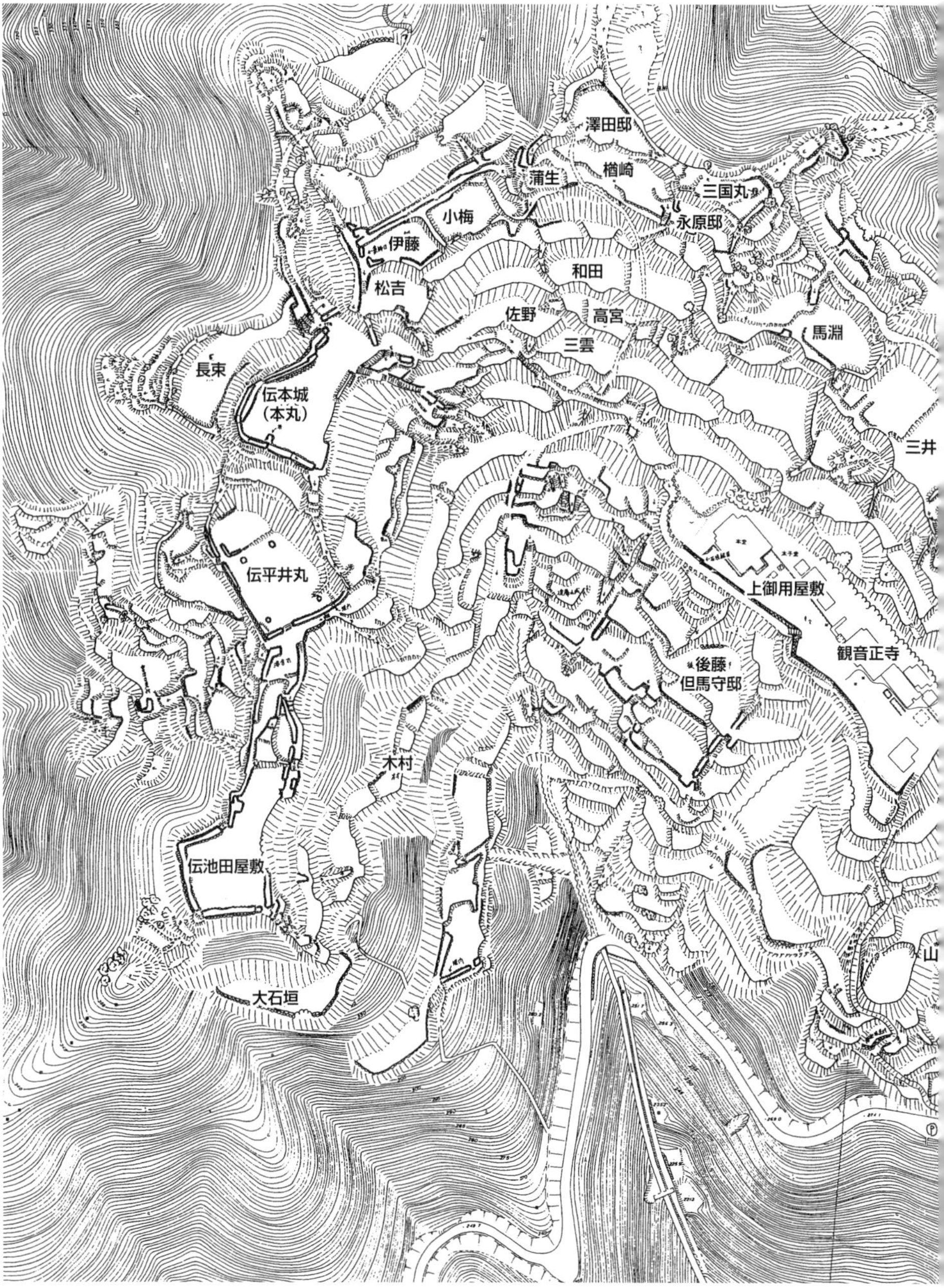
澤田邸
蒲生
楢崎
三国丸
小梅
永原邸
伊藤
和田
松吉
佐野
高宮
馬淵
三雲
長束
伝本城
（本丸）
三井
伝平井丸
上御用屋敷
観音正寺
後藤
但馬守邸
木村
伝池田屋敷
山
大石垣

01 交通を掌握できる近江の中心地

　観音寺城が築かれた繖山（標高約四三五メートル）は、現在の近江八幡市と東近江市にまたがり、かつての蒲生郡と神崎郡の郡境に位置する。この場所は、近江国の琵琶湖東岸では中央より若干南寄りにあたる。六角氏の実質的な支配領域が近江南部にあったことを勘案すると、拠点の配置としては北に寄りすぎているように感じられるかもしれない。だが、野洲郡から愛知郡にかけては国内で最もまとまった面積の平地が展開するエリアであり、その範囲では繖山はちょうど中央に位置する。このように重要な場所に拠点を構えたことからは、六角氏が単に近江南部の地域権力にとどまらず、近江全域に政治的な影響力を及ぼしうる存在であったことがうかがえよう。

　繖山とその周辺はかつて沙々貴山君の勢力下にあったが、中世には宇多源氏佐々木氏が統治するところとなった。佐々木氏の在国時の屋敷であった小脇館や、後に「守護所」としてみえる金剛寺城、六角氏頼が菩提寺に取り立てた慈恩寺はいずれも繖山より半径五キロの範囲内にあり、この一帯が佐々木氏の本拠域であったと考えられる。その意味では、佐々木の惣領家にあたる六角氏が繖山に本城を整備したのは必然であったといえる。

　繖山の南方を横断する東山道《とうさんどう》（近世の中山道《なかせんどう》）は、中世近江の幹線道であり、主に東国と京都との間で人や物の行き来が活発に行われていたとみられる。また、西方の湖岸には常楽寺《じょうらくじ》という湊があり、実際に船の発着が中世の史料で確認できる。観音寺城は、このように水陸両様の交通を掌握できる位置にあった。

　観音寺城は麓の集落からの標高差が三〇〇メートルを超える高所にあり、生活には不便な印象を受ける。しかし、繖山よりも高い山が周囲にないため、全方位に眺望がきき、広域の視認性に優れている。この立地のよさは、分国支配や交通の掌握に寄与するとともに、六角氏の権威を高める効果をもたらしたと評価できよう。

常楽寺◆観音寺城の西方、現在の西の湖に面した湊であった。舟入跡が残っており、後に安土城が築かれると琵琶湖に出るための外港として使用された　滋賀県近江八幡市

中山道（老蘇付近）◆古くから交通の要路であり、老蘇の地には古くから歌枕として知られる老蘇の森がある。現在は国道８号線が通っている　滋賀県近江八幡市

浄厳院◆織田信長が慈恩寺の跡地に創建。天正７年（1579）にはいわゆる安土宗論が行われたことでも知られている　滋賀県近江八幡市

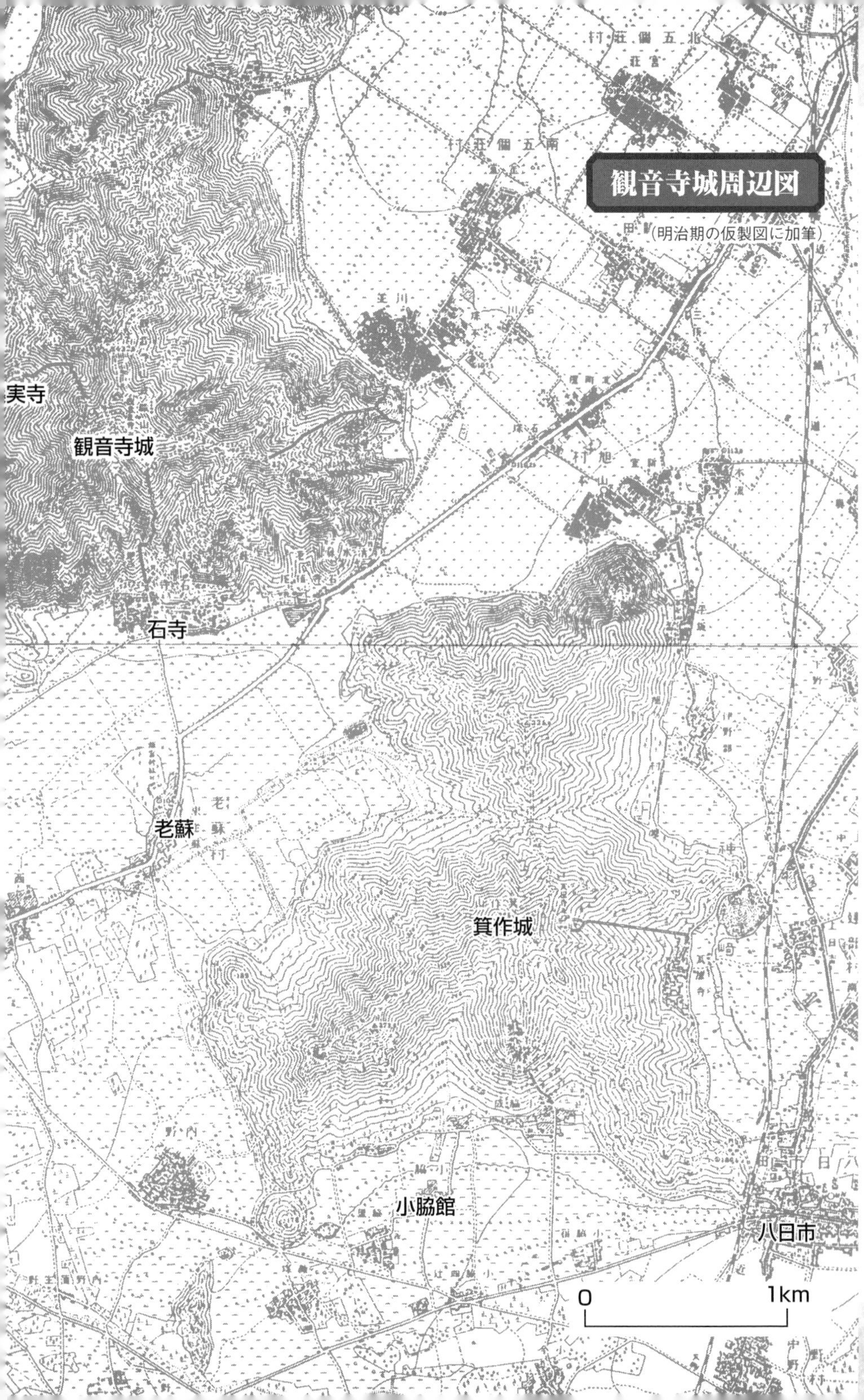

観音寺城周辺図
（明治期の仮製図に加筆）
実寺
観音寺城
石寺
老蘇
箕作城
小脇館
八日市
0
1km

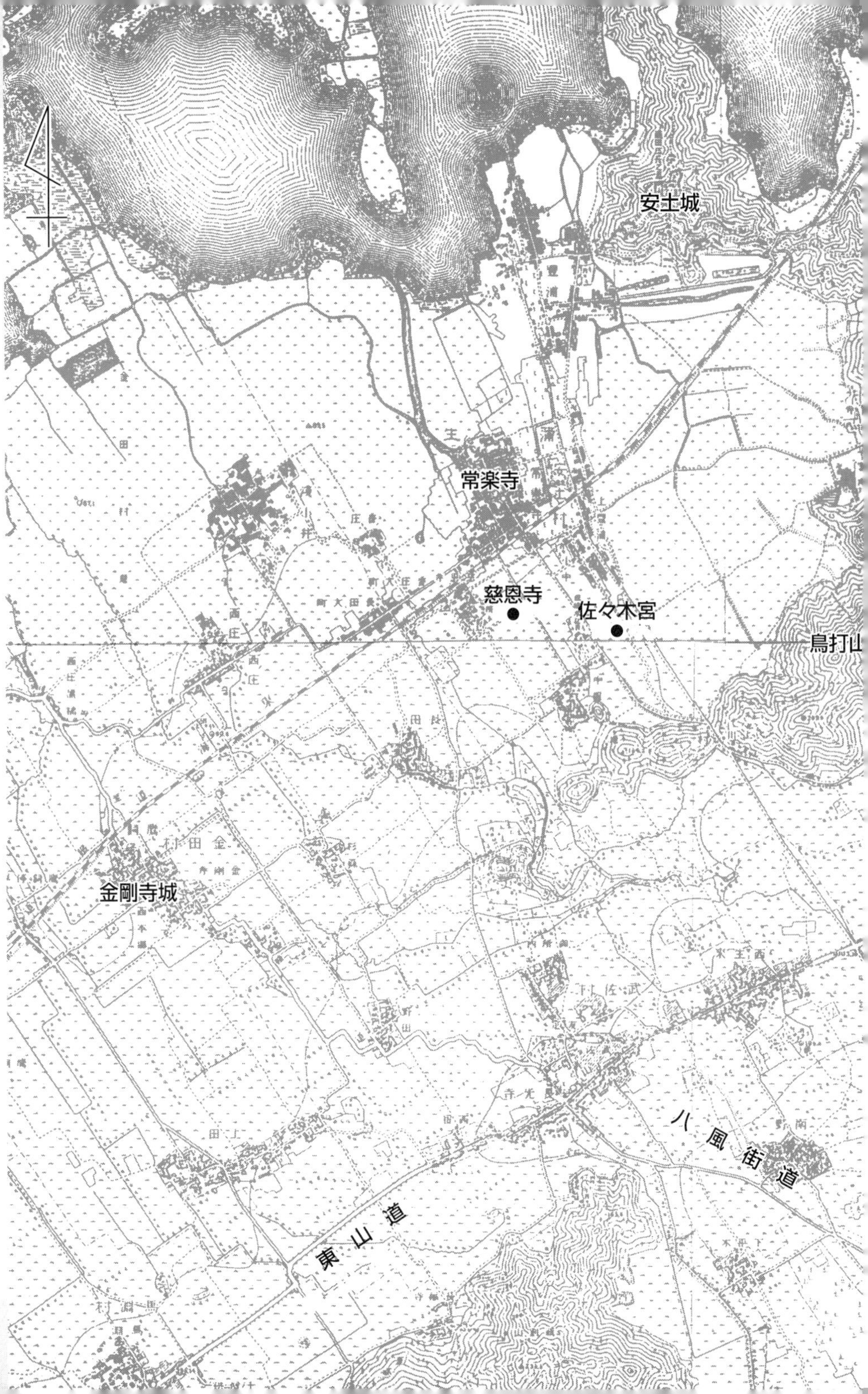
安土城
常楽寺
慈恩寺
佐々木宮
鳥打山
金剛寺城
八風街道
東山道

02 無数の削平地はどこまでが城跡か

繖山の山上には、東西約一キロ、南北約六五〇メートル、標高約四三五メートルから二三〇メートルの範囲に大小さまざまな削平地（人工的に造成された平場）が展開している。城域の広さもさることながら、削平地の数や密集の度合いには目を見張るものがあり、戦国期の拠点城郭としては最大級の規模といえよう。ただし、後述するように、削平地のなかには寺院の坊院跡も多く含まれ、城郭としての整備は限定的であったとみられる。

現状で最も規模の大きな削平地は、現観音正寺の寺域であるが、ここは近世以降に拡幅されており、戦国期の様相は判然としない。これを除くと、伝本丸跡から伝池田丸《いけだまる》跡に至る西尾根上の削平地群がまとまった面積をもち、石垣をふんだんに用いていることから、城の中心と目される。伝馬淵屋敷跡から伝伊庭屋敷跡に至る北の稜線沿いの削平地も規模が大きく、造成もしっかりしている。それに比べて、山頂の伝沢田屋敷跡は規模が小さく、形もいびつである。通常の山城であれば、最も標高の高いところに中心となる曲輪が配置されるところだが、そうなっていないのが観音寺城の特徴といえる。

尾根筋の東端に位置する伝淡路丸《あわじまる》跡は、石塁で囲郭され、明確な虎口《こぐち》（城の出入り口）をもち、独立性の高い曲輪である。その南下の伝目賀田屋敷跡も、四周に土塁をめぐらす構造となっている。東の尾根筋や南西の谷筋からのアプローチを警戒して、このように守りの固い曲輪を配置したのだろう。

観音寺城では、谷筋にも多くの削平地がみられる。たとえば、現観音正寺の南西斜面下の伝後藤屋敷や伝進藤屋敷の辺りには、雛壇状の削平地が残されている。伝観音正寺から伝目賀田屋敷跡の間の谷筋でも、同様の削平地群が確認できる。これらを詳しく観察すると、削平地群の間を貫く直線的な道路の痕跡が見出される。直線道路に沿って削平地が並ぶ構造は山岳寺院によくみられることから、谷筋の削平地群については先行する観音正寺の坊院跡を踏襲しているとみるのが近年では一般的である。ただし、城郭の整備がどこまで及んだかは、石垣の年代観とも合わせて慎重に検討すべきであろう。

伝淡路丸跡の石垣◆長方形の曲輪で、六角氏の被官布施氏の屋敷跡とされる。虎口は枡形で、曲輪の三方を石垣で囲んでいる

伝本丸跡◆山頂から南西に延びる尾根上に位置し、伝本丸跡・伝平井丸跡・伝池田丸跡と続く。江戸時代の絵図には「本城」とある

伝池田丸跡◆六角氏の被官池田氏の屋敷跡とされる。周囲を石垣で囲っている

03 複数の登城道と見付が意味するもの

観音寺城には、複数の登城道があったと考えられている。城下の石寺方面からは、観音正寺へ至る赤坂道から登坂するのが現在では一般的である。この道の途中、標高約三〇〇メートル地点には石垣をともなう城門の跡が残り、近世にはこれを見付《みつけ》と呼んでいたことが絵図からうかがえる。

この他、石寺側からの登城道としては、本谷道・表坂道がある。本谷道は、山麓の当主居館と目される伝御屋形跡の東方より繖山の山頂へと通じている。赤坂道と同様に、途中に見付があったが、昭和初年に材木運搬用の道を整備した際に破壊されたという。表坂道は、伝御屋形跡の裏手より東尾根上の曲輪群へと至る。村田修三は、表坂道が当初の大手道で、後に本谷道が大手道になったとみている。

東の川並口からも道が付いており、観音正寺の手前に石垣をともなう見付の跡がある。西側では、桑実寺から伝本丸跡に至る道と、宮津の谷筋を登り、伝平井丸跡の虎口前に出る道が確認できる。いずれも両側に石垣を配した見付をもち、伝本丸跡北西の虎口は食い違いの形状となっている。

この他、南側にはお茶子谷・観音谷・源三谷と呼ばれる谷があり、谷筋からのアプローチもあったと考えられている。このうち源三谷の南麓では発掘調査が行われ、戦国期の石垣や土塁、堀切などの遺構が確認されている。

このように複数の登城道が存在する一方で、曲輪間の行き来がどのようになされていたのかは不明な点が多い。伝本丸跡へのアプローチを調べるために発掘調査を実施したところ、現存する大階段（石段）に続く小谷と、一段下の小曲輪に通じる2つのスロープを検出した。しかし、大階段と小曲輪は直接つながらない。これを城郭らしくないとみる向きもあるが、一つの虎口に複数の城道が集約されるケースは珍しくないし、直下の曲輪から登坂できないのも防御上の工夫と捉えられなくはない。いずれにせよ、寺坊跡も含めて多数の削平地が展開するため、複雑な動線をとらざるをえなかったのだろう。

宮津口の見付

源三谷道◆伝目賀田丸の南側斜面方向の虎口から山麓に向かって道が延びる。麓の発掘調査で、戦国期の石垣や通路の遺構が検出された

お茶子地蔵◆伝淡路丸跡の東下、川並口道沿いに所在。お茶子谷の名前の由来となったお茶子は、六角氏に寵愛されたが、他の女中から妬まれ非業の最期を遂げたとされる。もちろん史実とはみなしがたいが、お茶子を祀る地蔵は城絵図にも描かれ、近世にはよく知られたエピソードだったようである

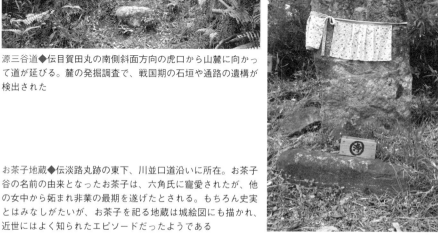

観音寺城の登城路

村田修三原図に加筆　図中の○は見付を表す

〈山麓屋敷群〉
ア：天満宮（御屋形跡）
イ：日吉神社（十禅師社）
ウ：教林坊
エ：古観音堂跡
オ：稲荷社
カ：清水鼻（遺構なし）

桑実寺
宮津道
表坂道
本谷道
伝御屋形跡
V
VI
VII
VIII

04 山上に築かれた二階建ての御殿

すでに述べたように、繖山の山上に六角氏が居住した御殿があったことは確実である。その所在をピンポイントに特定することは困難だが、西尾根上の削平地群が城の中心とみられ、この一帯に御殿があった可能性は高い。昭和四十四年（一九六九）から同四十五年にかけて、伝本丸跡・伝平井丸《ひらいまる》跡・伝池田丸跡で発掘調査が行われ、以下のように生活の痕跡が数多く検出された。

伝本丸跡では、大きくわけて二棟の屋敷跡が検出された。このうち最も大きな屋敷跡は曲輪の南西側にあり、中庭をもち、周囲に溝をめぐらしていたことが判明した。この他、曲輪の北と南の端では門跡と思われる遺構もみつかっている。

伝平井丸跡では、北西隅の一段高い部分で発掘調査を実施し、東西十四メートル、南北六〜七メートルの屋敷跡を検出した。この屋敷は背後に池庭をともない、その排水のための石組み溝も確認されている。

遺構の残りが最もよかったのが、伝池田丸跡である。曲輪の北と南にそれぞれ屋敷跡が残されていたが、このうち南側の屋敷跡は大きく二棟の建物からなり、雨落ち溝とみられる石組み溝が周囲をめぐっている。千田嘉博《せんだよしひろ》は、これを常御殿《つねごてん》（日常の住まい）と会所《かいしょ》（もてなしの場）の組み合わせと捉えている。

発掘調査でみつかった屋敷跡は、すべて礎石建物である。このことは、西尾根上の建物が恒常的に維持・管理されていたことを示している。ただし、瓦は出土しておらず、建物は板葺きか柿葺《こけら》きであったと考えられる。酒宴などに用いられたとみられる土師器皿《はじきざら》（かわらけ）が大量に出土し、山上が儀礼の空間として機能していた確証が得られた。この他、国産や輸入の陶磁器、茶臼、香炉、銅銭、仏具などもみつかり、日常的な生活の痕跡をうかがうことができた。

同時代の史料によると、山上には二階の座敷をもつ御殿があったという。西尾根上からの眺望は今でも良好だが、二階からの眺めは格別だっただろう。後代の天守のような施設は確認できないが、立地の良さを活かした建物の配置がなされていたと考えられる。

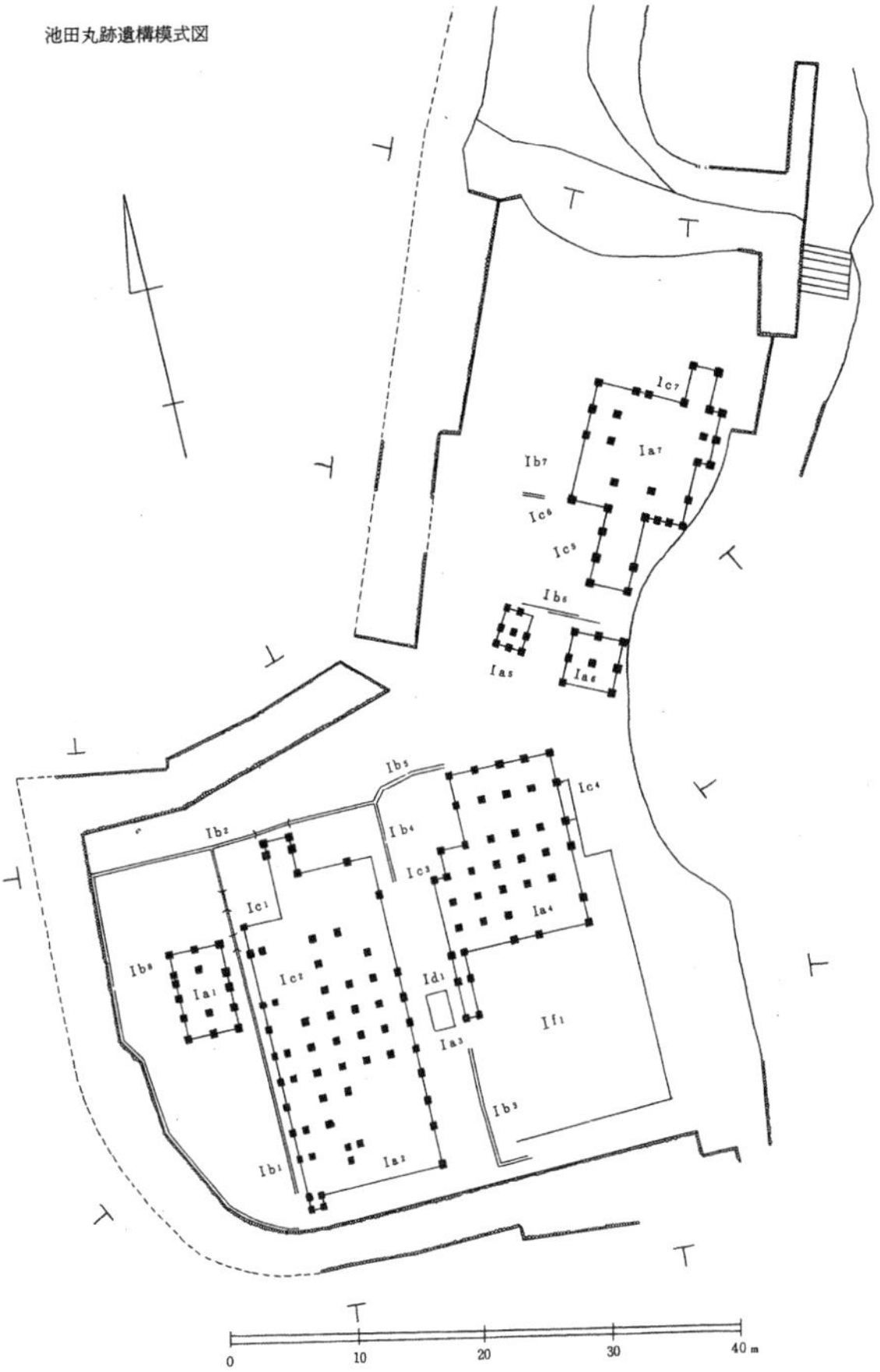

伝池田丸跡遺構模式図（『観音寺城跡整備調査報告書』）◆発掘調査により建物の礎石や排水路等の遺構のほか、16 世紀後半の遺物が出土している

伝大夫井戸跡◆伝本丸跡の西に所在。石垣造りで今でも豊かな水量を誇っている

05 威光を示す高度な石垣技術

観音寺城は、織田信長以前では最も多くの石垣を用いた城郭といえる。滋賀県教育委員会が実施した分布調査では、城内で五二二ヶ所の石垣が確認されている（分布調査は桑実寺や鳥打《とりうち》山麓の上豊浦《かみといら》地区でも実施されており、これらを合わせると九四八ヶ所にも及ぶ）。石垣は全山にわたってみられるが、とりわけ西側に多い。現存する石垣のすべてを城郭にともなうものとみてよいかは慎重に検討すべきだが、前項でみた御殿の整備も勘案すると、西側を中心に城郭化がなされた可能性は高いといえよう。

一般に中世の城郭は土づくりであるといわれるが、都道府県別に分布調査が進むなかで、石を積んだ事例は案外多いことが明らかになりつつある。ただし、その多くは裏込め石をともなわず、切岸《きりぎし》面に石を貼り付けただけのものである。そのため、強度や安定性に限界があり、高い石垣をつくることは困難であった。これに対して、観音寺城には高さ六〜七メートルにも及ぶ高石垣が存在する。石材の加工度はそれほど高くないが、採石時の矢穴《やあな》跡も随所にみられる。矢穴の技法は、石造物の製作などで早くから用いられているが、城郭石垣に採用されたのは観音寺城が最も早い事例の一つといえる。また、隅角《ぐうかく》部《ぶ》には未成熟ながらも算木《さんぎ》積《づ》み（横長の石材を交互に組み合わせた積み方）が導入されており、安定性を高める工夫がみられる。

弘治二年（一五五六）、六角義賢は金剛輪寺《こんごうりんじ》（愛荘町）に城内の石垣普請を命じており、現存する石垣の一部はこのときに整備されたと考えられる。近江の地方寺院は、石造物の製作などを通じて石材加工の技術を会得し、伽藍に石垣を築くこともあっただろう。六角氏は、そうした既存の技術やノウハウを結集して、居城に石垣を整備したのである。石垣を設けるメリットとしては、曲輪法面《のりめん》の安定化や防御性の強化といった実利的な面に加えて、荘厳化により城の権威を高めるという効果が指摘できる。伝平井丸跡の虎口には、巨石を組み合わせた石垣と石段がみられ、今も訪れる人々を圧倒させる。分国支配や外交などの局面で観音寺城を訪れた人々は、荘厳な石垣を目の当たりにし、六角氏の威光を強く感じたことだろう。

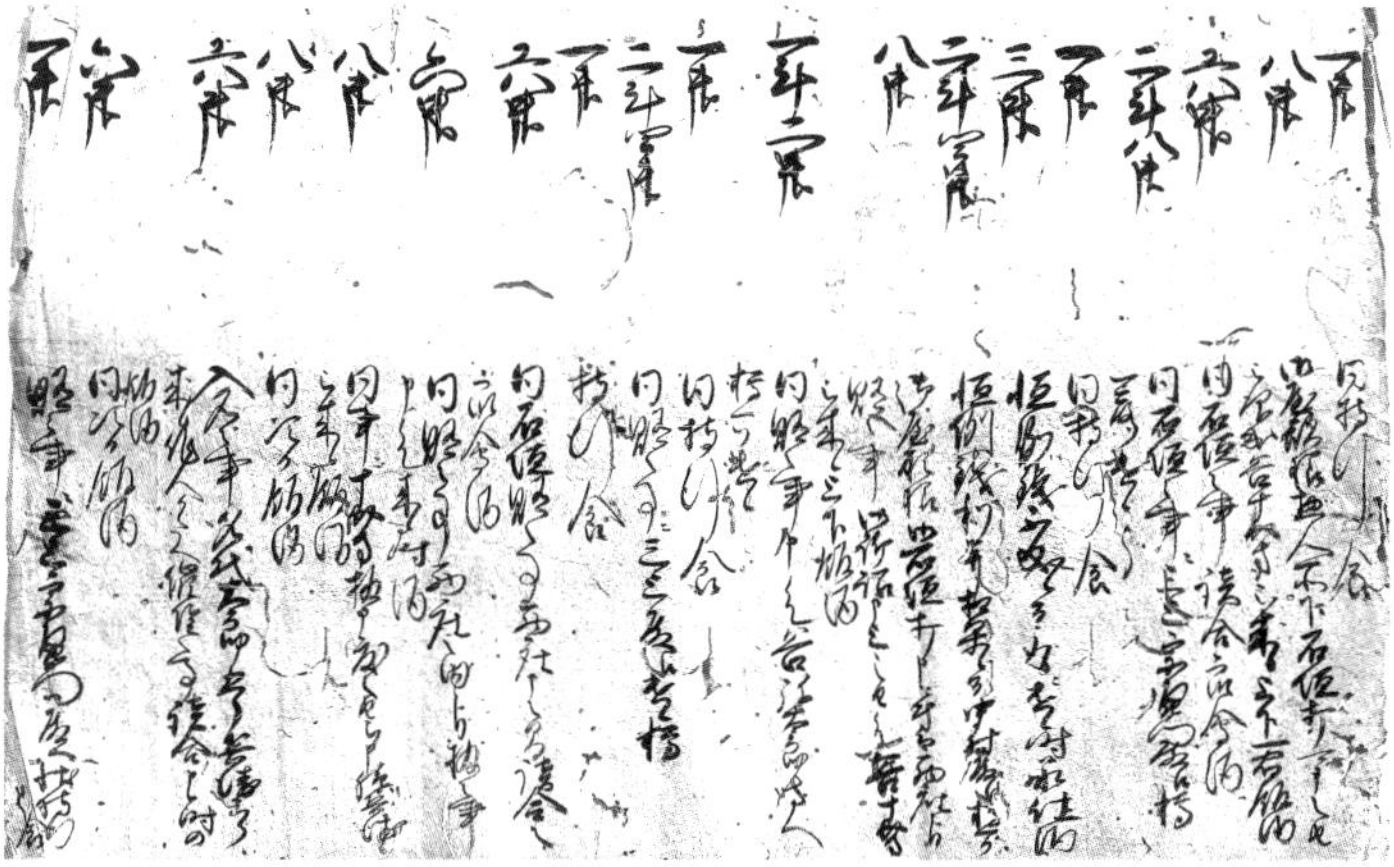

下倉米銭下用帳◆金剛輪寺が六角氏から石垣普請を命じられたことが記されている。戦国期城郭での石垣構築の背景を示す稀有な史料である　滋賀県愛荘町・金剛輪寺蔵　愛荘町立歴史文化博物館寄託　東京大学史料編纂所蔵写真

伝三国丸跡の石垣◆観音寺城北端の尾根上にあり、北側の防御を固める役割を担っていたものと考えられている。高所に位置し、「三国」を見渡せることからその名が付いたともされる

矢穴のみられる石垣（伝池田丸跡）◆矢穴は石を割る際に金槌とノミによって掘られた穴で、ハンマーで叩いて石を割った。この技術は鎌倉時代に日本に伝わったと考えられている

06 城域に「聖地」を取り込む

観音寺城の特異な構造は、当主と家臣の横並びの権力関係に由来するものとかつては捉えられてきた。だが、近年では先行する寺院の遺構が縄張に与えた影響が重視され、現存する遺構の配置から六角氏の権力構造をストレートに読み解くことは難しいと考えられている。

観音正寺は寺伝によると、六角氏の居城整備にともない山麓に移転させられ、近世初頭に山上へ戻ったという。しかし、六角氏の最盛期においても観音寺の名が史料上に散見されることから、寺院と城郭が共存していた可能性が指摘されている。

藤岡英礼は、伝馬淵屋敷跡から伝伊庭屋敷跡にかけての削平地は基壇がみられることから、寺院の遺構とみている。一方、中井均は、桑実寺縁起絵巻に描かれた観音正寺とみられる伽藍に着目し、現在観音正寺がある場所に中心伽藍を想定した。近世の絵図には、移転前の観音正寺の所在を示唆する「根元観音堂」の記載がみられるが、中井はこれを伽藍背後の聖地に祀られた祠堂と評価している。ただし、伊庭功が指摘するように、現観音正寺の境内域は近世以降に拡幅されており、戦国期の様相は判然としない。

現観音正寺の北東に、同寺の奥の院がある。奥の院は巨石信仰に基づく磐座からなり、巨石には平安時代後期の磨崖仏《まがいぶつ》が刻まれている。繖山は周囲から広く見渡すことのできる位置にあり、巨岩を多く抱えることから、古来聖地として崇められてきたと考えられる。観音正寺をはじめとして多くの山寺が当地に営まれたのは、そのためであろう。

城郭と聖地とは一見相容れない存在のように映るが、戦国期の城郭には、城域に聖地を含む事例が少なからず存在する。武士が地域のなかでその権力を確立し、承認を受ける上で、既存の聖地を自身の城郭に取り込むことが有効だったのだろう。その意味では、築城そのものが、従来の地域秩序の上に自己を位置づける行為であったといえる。観音寺城の整備は、地域のシンボルとしての繖山がたどった歴史の一コマとも捉えることができよう。

観音正寺の奥の院◆聖徳太子が千手観音像を祀ったのが、現在の奥の院とされる　滋賀県近江八幡市

奥の院の摩崖仏◆線彫りの７体の摩崖仏が刻まれているとされるが、摩耗が激しく判別が難しい。聖徳太子の作ともされるが仮託されたもので、実際は平安時代後期の作と推定されている

ねずみ岩◆奥の院を構成する磐座の一つ。ここから延びている急坂を上がると、大土塁のある北尾根沿いの道へと至る

07 山麓に多数配置された屋敷地と城下町

繖山の山麓には、多数の削平地が現存している。このうち最も顕著な遺構を残すのが、表坂道の入り口に位置する伝御屋形跡である。伝御屋形跡は、東西約六十メートル、南北約六十五メートルの規模をもち、敷地の南東隅には天満宮《てんまんぐう》が鎮座している。最大で高さ約六メートルを測る石垣を前面に配し、山麓の中心的な存在となっている。この石垣は、隅角部の算木積みが未熟であり、勾配もほとんどないことから、城内でも比較的古い時期の石垣ではないかと考えられている。なお、平成十年度の発掘調査で、伝御屋形跡に続く石敷道の一部が検出されている。

伝御屋形跡の東に位置する日吉神社（十禅寺権現《じゅうぜんじごんげん》）は、創建年代は不明だが、佐々木氏の陣太鼓と称する社宝を伝える。当社の南方には「下御用屋敷」「イノ（犬）馬場」の地名が伝わり、六角氏の居館に関連する施設があったことがうかがえる。日吉神社の東方には、観音正寺の子院の一つである教林坊《きょうりんぼう》や、古観音堂跡の伝承地がある。教林坊には小堀遠州《こぼりえんしゅう》の作とされる池庭があり、現在では紅葉の名所として有名である。古観音堂跡は、戦国期に山麓へ移転した本堂の跡地とされ、石垣が残存している。

山麓の削平地群を縫うような形で東西に延びる踏み分け道を、景清道と呼ぶ。平家の家人伊藤景清《いとうかげきよ》が通ったことが名前の由来とされるが、主要道を避ける「かげのみち」が転じたものともいわれている。削平地は自然の傾斜に沿って設けられており、配置に計画性はほとんど認められない。伝御屋形跡以外にも石垣がみられるが、近世以降の寺坊や畑地の整備にともなうものもあり、戦国期の石垣がどれかを見極めるのは難しい。遺構の分布調査と合わせて、今後の課題である。

削平地群の南側に現石寺の集落が展開するが、その境目はあいまいである。当主や家臣の屋敷地と、商工業者らの居住域は一続きに存立していたのかもしれない。また、削平地のいくつかは観音正寺の里坊などとして使用されたとも考えられる。身分別に居住域が設定され、計画的な町割りが敷設された近世の城下町とは異なる姿をみることができよう。

伝御屋形跡石垣◆石寺集落の最も高所に位置する

日吉神社◆石寺集落から延びる赤坂道沿いに所在する

教林坊◆石寺集落内にある天台宗寺院。往時の観音正寺には70を超える坊舎・子院があったという

08 周辺城郭にみる観音寺城の規範性

戦国大名は、自らの領国を維持するため、本城以外に複数の城を築き、維持・管理していたと考えられている。こうした本城—支城の有機的な連関は、戦国大名による領国支配の徹底度を推し量る指標となりうるものだが、畿内近国で明確に支城とわかる事例を見出すのは困難である。家臣や国衆の統制がルーズで、城を核とした領国統治の体制が確立しなかったのだろう。

六角氏の場合、実質的な支配領域が近江南部に限定され、政治的な機能は観音寺城に集約されていた。ただし、観音寺城に類似の構造や技術を採用した城が二つ確認できる。小堤《こづつみ》城山《しろやま》城（野洲市）は、鏡山《かがみやま》（標高約三八五メートル）の南西に派生する尾根上を中心に築かれた。城域は東西約四二〇メートル、南北約二〇〇メートルに及び、近江南部では大規模な部類に属する。最高所（標高約二八〇メートル）地点に位置する曲輪は小さく、谷地の最奥部にあたる曲輪が最も大きい。この曲輪に向けて直線的な道が通り、その両脇に曲輪群が展開する様相は、山寺を彷彿とさせる。また、随所に石垣が残存し、採石時の矢穴も確認できる。

三雲城（湖南市・県指定史跡）は、標高約三七七メートルを最高所とし、五つの曲輪群を配置している。Ⅳ郭は城内で最大の面積を誇り、石垣をともなう桝形虎口をもつことから、実質的な城の中心と考えられる。最も標高の高い曲輪群が中心とならない構造や、石垣の使用は小堤城山城と共通するが、曲輪の分布は同城に比べて散漫である。山麓には屋敷の伝承地があり、両者が一体となって機能したものと思われる。

小堤城山城は六角氏家臣の永原氏、三雲城は同じく三雲氏の居城とされている。両城は、観音寺城から甲賀郡へと抜ける間道を押さえる位置にあることから、築城に六角氏が関与した可能性が指摘されている。織田信長以前の近江南部で、本格的な石垣をもつ城はご

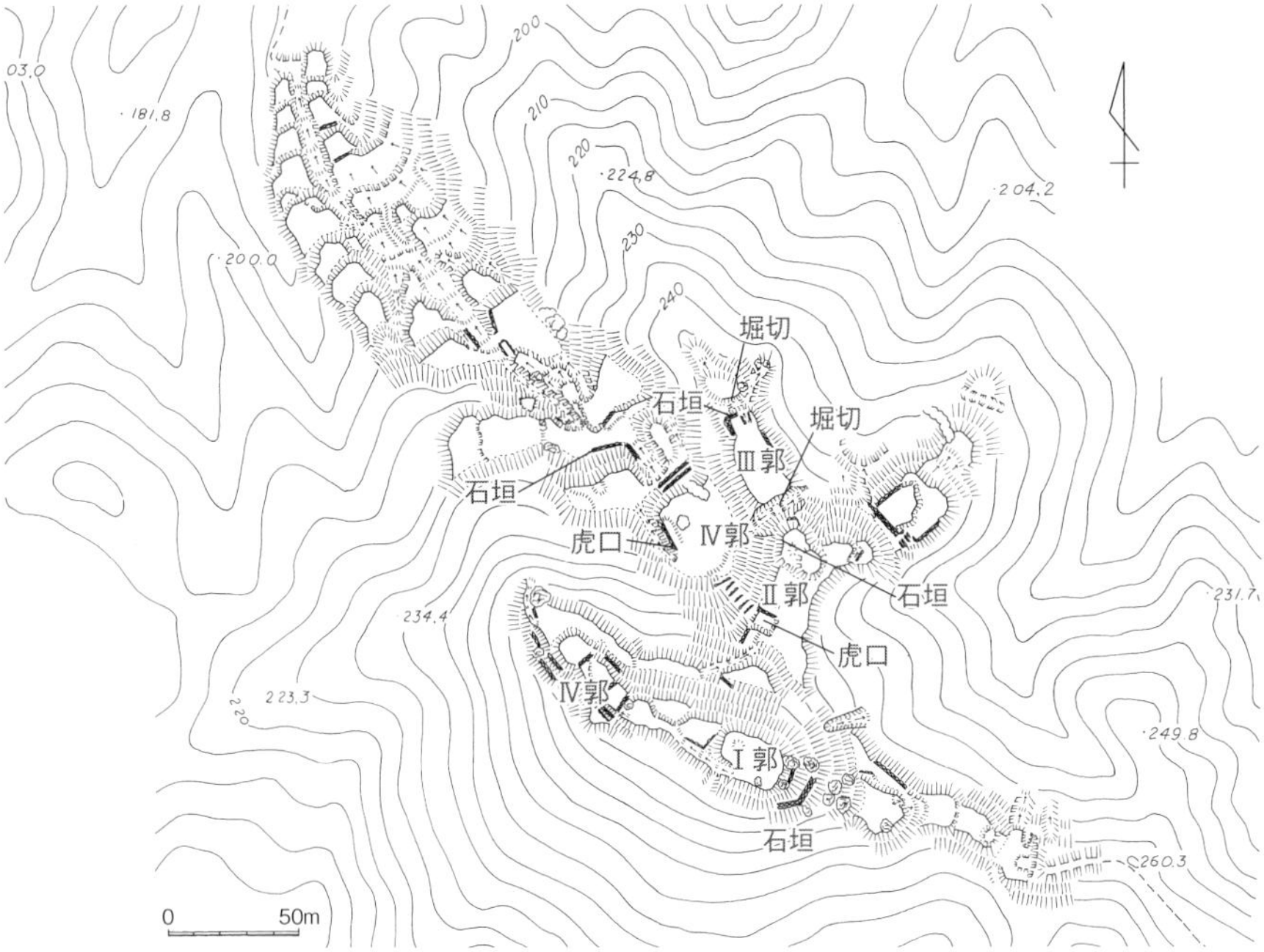

小堤城山城縄張図◆作図：福永清治　『図解 近畿の城郭』Ⅰ（戎光祥出版、2014年）掲載図に加筆

小堤城山城の石垣◆築城時期は不明だが、永原氏によって築かれたとされる　滋賀県野洲市

く限られており、両城が特別な位置づけを与えられていたことは確かだろう。しかし、中腹付近にメインの曲輪を配する構造は、実際の戦闘にはあまり役立たないように思われる。最近では、先行する寺院や聖地との関わりも注目されており、六角氏の関与については慎重に検討する必要があろう。

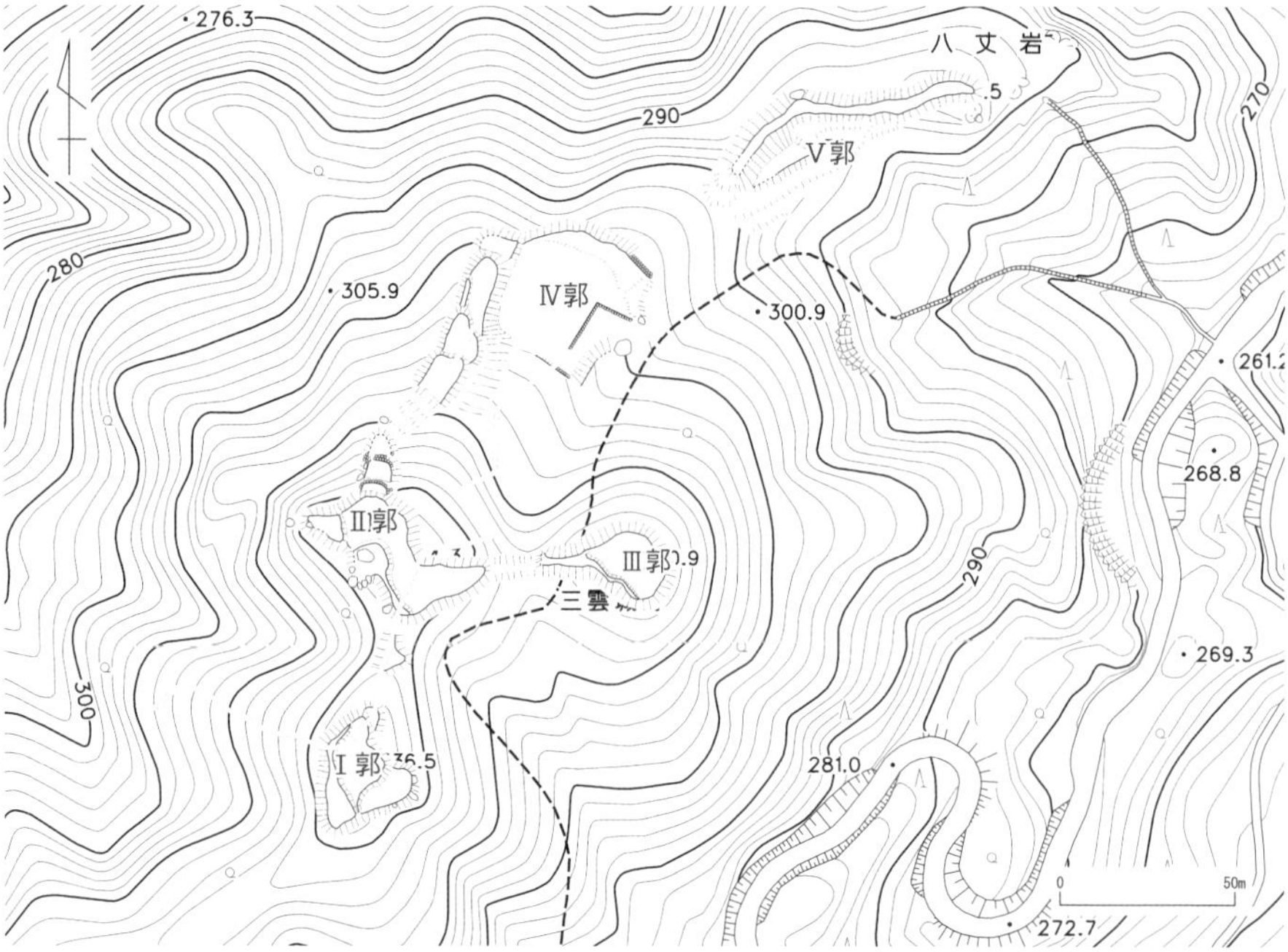

三雲城縄張図◆作図：新谷和之

三雲城の枡形虎口◆築城時期は不明だが、三雲氏によって築かれたとされる　滋賀県湖南市

09
観音寺城の防御を担った周辺城砦群

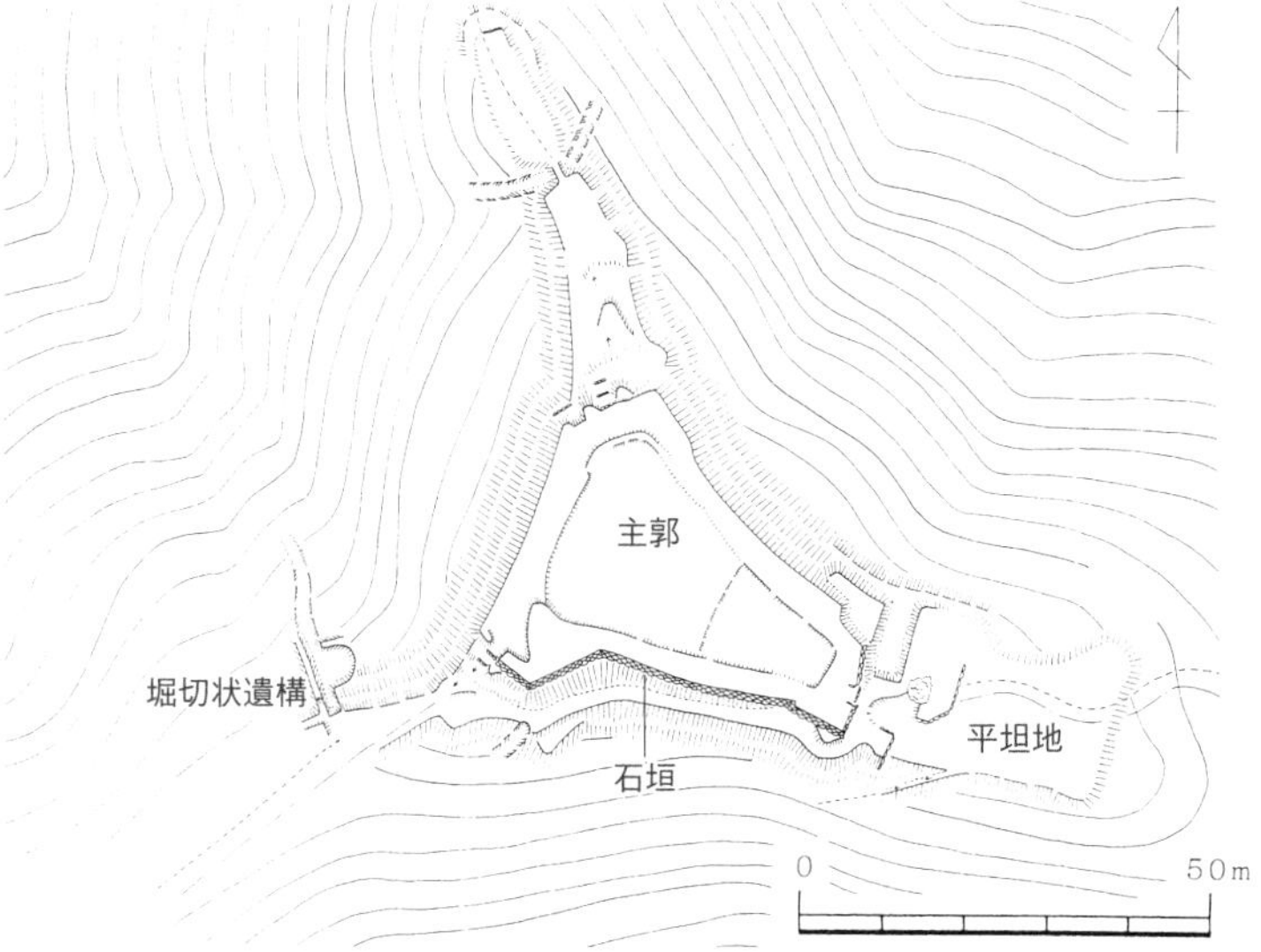

佐生城縄張図◆作図：中井均　『図解 近畿の城郭』Ⅰ（戎光祥出版、2014年）掲載図に加筆

観音寺城は山城としては標高が高く、地形を活かした防御がある程度可能である。しかし、寺院の遺構をベースに城塞化されたため、統一的な防御が難しい構造となっている。山の稜線を土塁に見立てているが、これは主要街道である東山道側からの攻撃にはまったく対応できない。政治拠点として多くの人々を迎え入れることも考慮すれば、軍事面に特化して整備するわけにはいかなかったのだろう。

そのためか、近辺には山城跡がいくつか残されている。これらは、観音寺城の防御を補完する目的で維持されたと考えられる。繖山北東の尾根の先端に位置する佐生《さそう》城は、周囲に土塁をめぐらした単郭の山城で、南面を中心に石垣を設けている。近江国内では立派な石垣がみられ、六角氏が築城に関与した可能性は高い。佐生城の東向かいに位置する和田山《わだやま》城は、土づくりの小規模な城だが、食い違い虎口を設けて防御性を高めている。立地からすると、佐生城と一体で観音寺城北

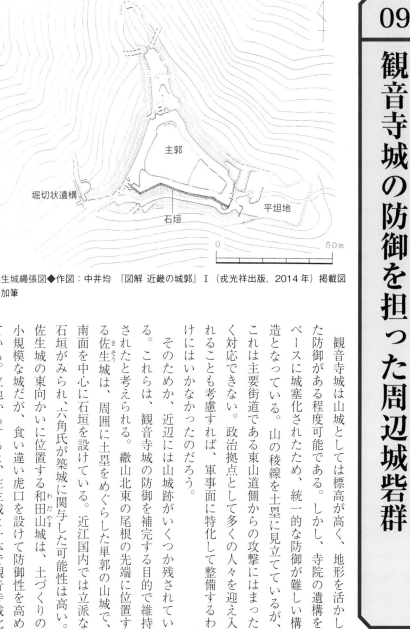

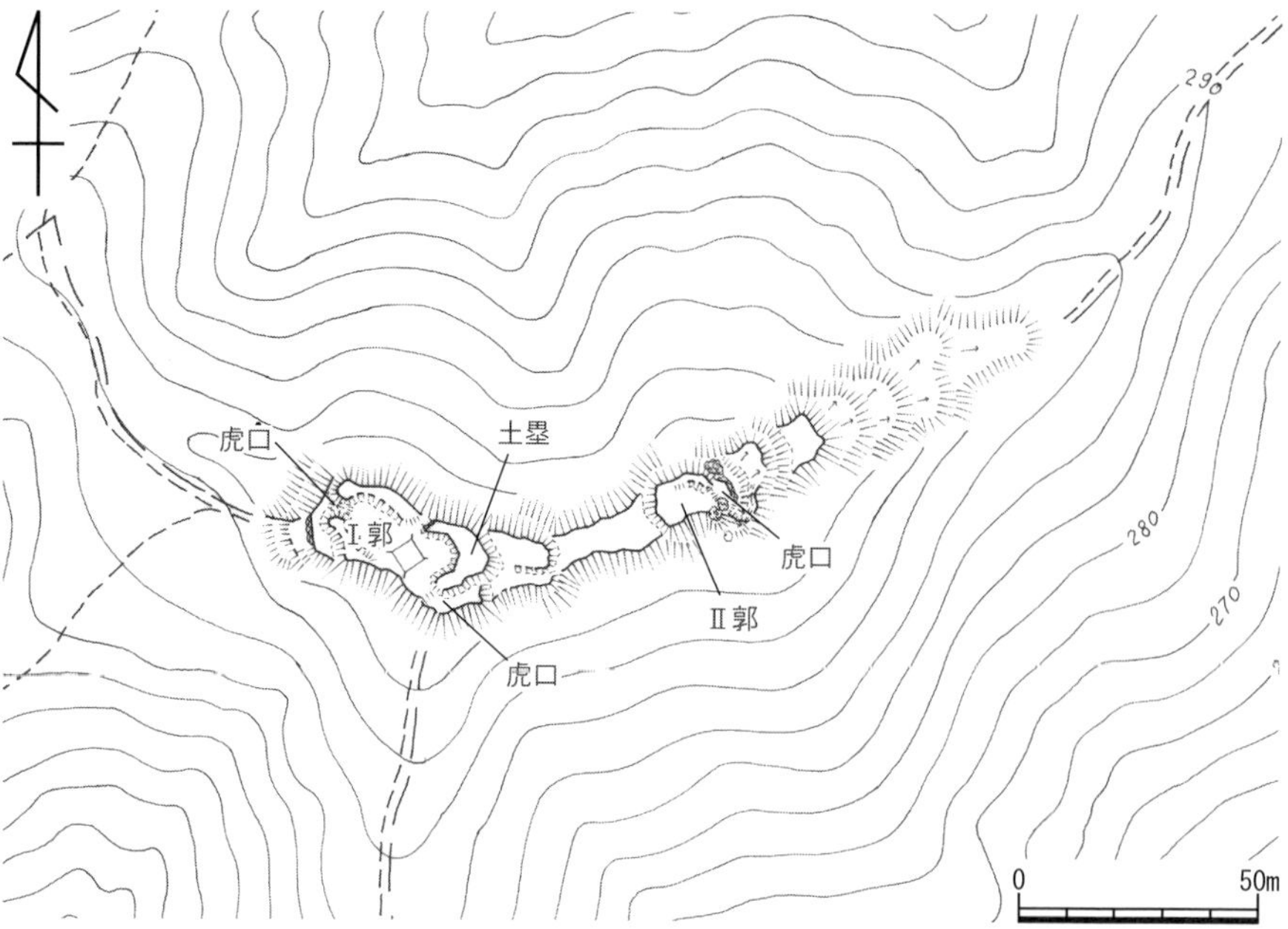

箕作城縄張図◆作図：福永清治　『図解 近畿の城郭』Ⅴ（戎光祥出版、2018年）掲載図に加筆

方の防御を担ったと考えられる。

観音寺城の南方に位置する箕作《みつくり》城は、標高約三四五メートル地点を中心に小規模な曲輪が細長く連なる。一部に石垣がみられるものの、構造は単純で、前二城に比べると古手な印象を受ける。当城は、永禄十一年（一五六八）、織田信長が上洛に際して観音寺城とともに攻めたことが同時代史料から判明し、六角方の軍事拠点であったことが確実である。また、六角政堯が文明三年（一四七一）に最期を遂げた清水城は、当城に比定されている。

この他、家臣の城も有事には防衛ラインの一角をなしたものと思われる。観音寺城より七キロほど南西には、後藤氏の館とされる平地城館の跡（県指定史跡）があり、背後の雪野山《ゆきのやま》にも城塞化にともなう堀切などの遺構がみられる。後藤氏館跡から約一・五キロ南東に布施山《ふせやま》城が、そこからさらに約六・五キロ南東に大森《おおもり》城があり、ともに布施氏の城とされている。観音寺城の周辺は地形が開けているため、山城は案外少ない。そのなかで、山城をもてるのは有力な家臣に限られたことだろう。

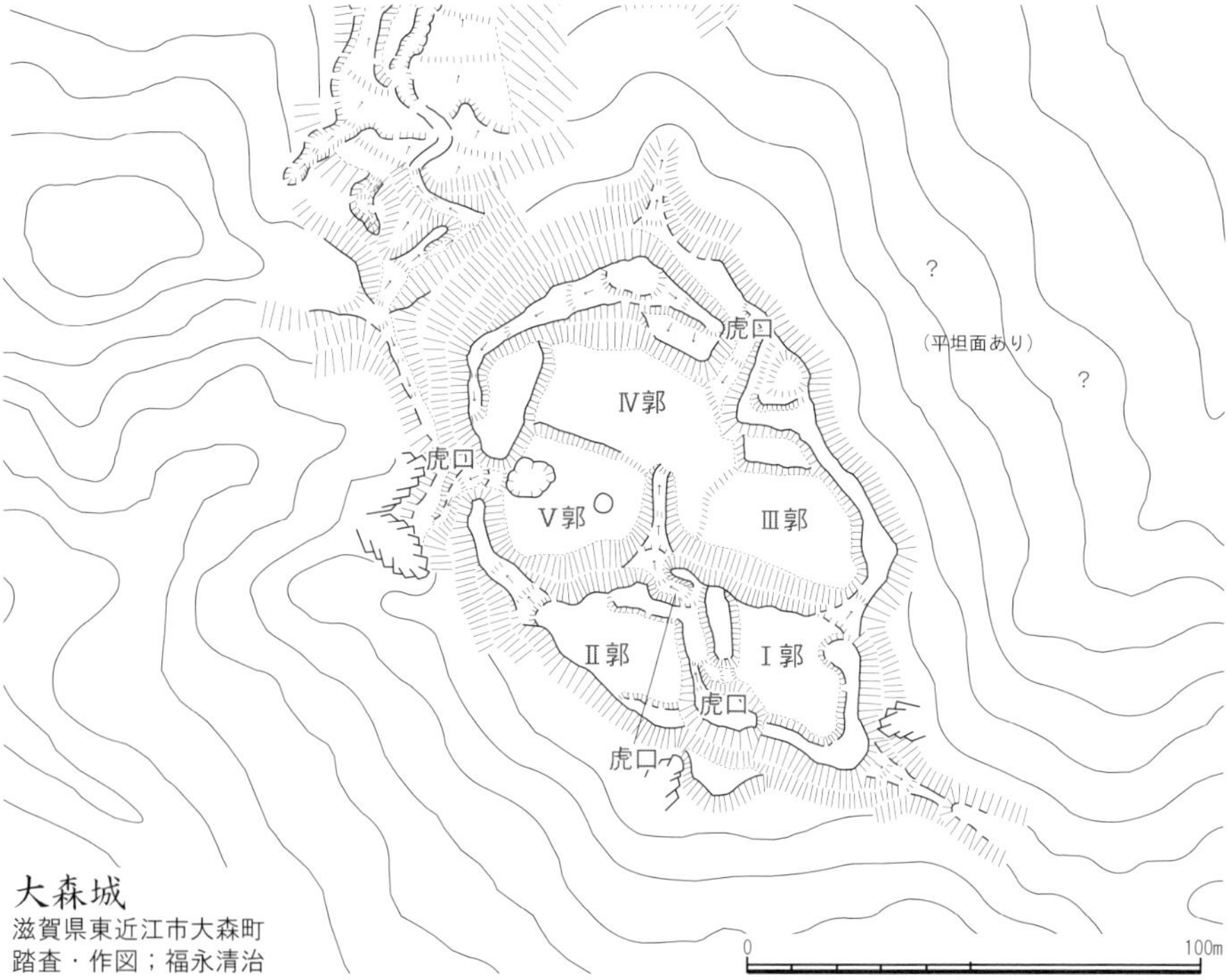

大森城縄張図◆作図：福永清治　『図解 近畿の城郭』Ⅱ（戎光祥出版、2015 年）掲載図に加筆　布引丘陵の標高 230 m付近に築かれている。城の規模は東西約 90m、南北約 108m

佐生城の石垣◆六角氏の被官後藤氏が守将をつとめたとされる　滋賀県東近江市

箕作城の石垣◆織田信長の軍勢に攻められて落城した　滋賀県東近江市

COLUMN

一乗谷城等が観音寺城に「似ている」わけ

観音寺城は、斜面に無数の削平地を配置し、山頂の曲輪はごく小さい。同様に斜面や谷地に雛壇状の削平地群をもつ城としては、大桑《おおが》城（岐阜県山県市）がよく知られている。大桑城は、美濃国守護を歴任した土岐氏の居城である。土岐氏は、現岐阜市街の近辺に平地の居館を構えていたが、十六世紀前半に標高四〇〇メートルを超える大桑城へ拠点を移した。平地の守護館から山城への展開は、六角氏の事例と共通する。また、土岐氏と六角氏が婚姻関係を結んでいたことは前記の通りであり、両者の間でさまざまな情報が共有されたことは間違いないだろう。

朝倉氏の一乗谷《いちじょうだに》城（福井市）にも、雛壇状の削平地群が存在する。大桑の城下町が朝倉方の支援により構築されたという伝承は古くからあったが、最近では山城の類似性にもスポットが当たり、六角氏も含めた政治・外交関係に照らしてその意義が論じられつつある。

隣国の大名居城が類似の構造をもつことは興味深いが、その理由を学問的に追究するのは困難である。観音寺城は寺坊跡を利用しているが、他の二城でも同様の成り立ちが想定できるかはわからない。一乗谷城には宗教施設の伝承があるものの、大桑の古城山に寺院があったという話は今のところ聞かない。削平地を雛壇状に造成することは、寺院に限らず、山上に居住域を設定する方法として一般的である。三城に共通する削平地群は、家臣も含めた一定数の居住ないし駐屯に対応したものとひとまず考えておきたい。

第六章　滅亡、観音寺城のゆくえ

佐々木古城跡繖山観音山画図◆個人蔵　画像提供：滋賀県立安土城考古博物館

01 勢力減退の契機となった観音寺騒動

近江国の支配者として長い間君臨し、畿内近国にもその名を轟かせた六角氏は、十六世紀後半に急速に勢力を失うこととなる。そのきっかけとなったのが、永禄六年（一五六三）の観音寺騒動である。

これは、六角義治が重臣の後藤賢豊《かたとよ》父子を殺害したことに家臣団が反発した事件である。永田・三上・池田・進藤・平井ら主だった家臣たちは、観音寺城内の屋敷を焼き払い、本領の館へ戻ってしまう。彼らは浅井長政《ながまさ》と内通しており、浅井方はこの機に乗じて四十九院《しじゅうくいん》（豊郷町）まで攻め寄せる。六角義賢は三雲氏の館、義治は蒲生氏の館へそれぞれ逃れた。この一連の混乱により、観音寺の本堂が焼失し、城下の石寺でも多くの家屋が焼かれた。

義治が後藤父子を殺害した理由ははっきりしない。だが、先の六角承禎条書案において、賢豊は年寄（宿老）の一人としてみえ、未熟な当主義治に意見すべき立場とみなされていたことがわかる。そうした関係性のもとで、両者の対立が顕在化していったのかもしれない。

しかし、この騒動の本質は、むしろ家臣たちの反発の大きさにある。家臣たちの共同歩調に対して、義賢父子が一時的に退城せざるをえなかったことからは、当主家の立場が絶対的ではなかったことがうかがえる。一方で、六角氏をかくまった家臣もおり、すべての家臣が反発したわけではないことも事実である。永禄十年、後藤高治《たかはる》の借銭に端を発する芦浦安国寺相論では、当事者の双方が六角氏の保護を求め、家臣団の間に深刻な亀裂が生じている。家臣同志の横のつながりは、決して永続的なものではなかった。

騒動後まもなく、義賢父子は観音寺城に戻り、家臣たちも多くが分国支配の体制に復帰する。義治の軽率な行動を戒めることこそが彼らの狙いであり、もともと六角氏を排除するつもりはなかったのだろう。その意味では、観音寺騒動はあるべき当主と家臣の関係を互いに確認し合う機会になったといえるかもしれない。だが、この事件は結果として六角氏の勢力を減退させ、急速な権力の瓦解をもたらすこととなる。

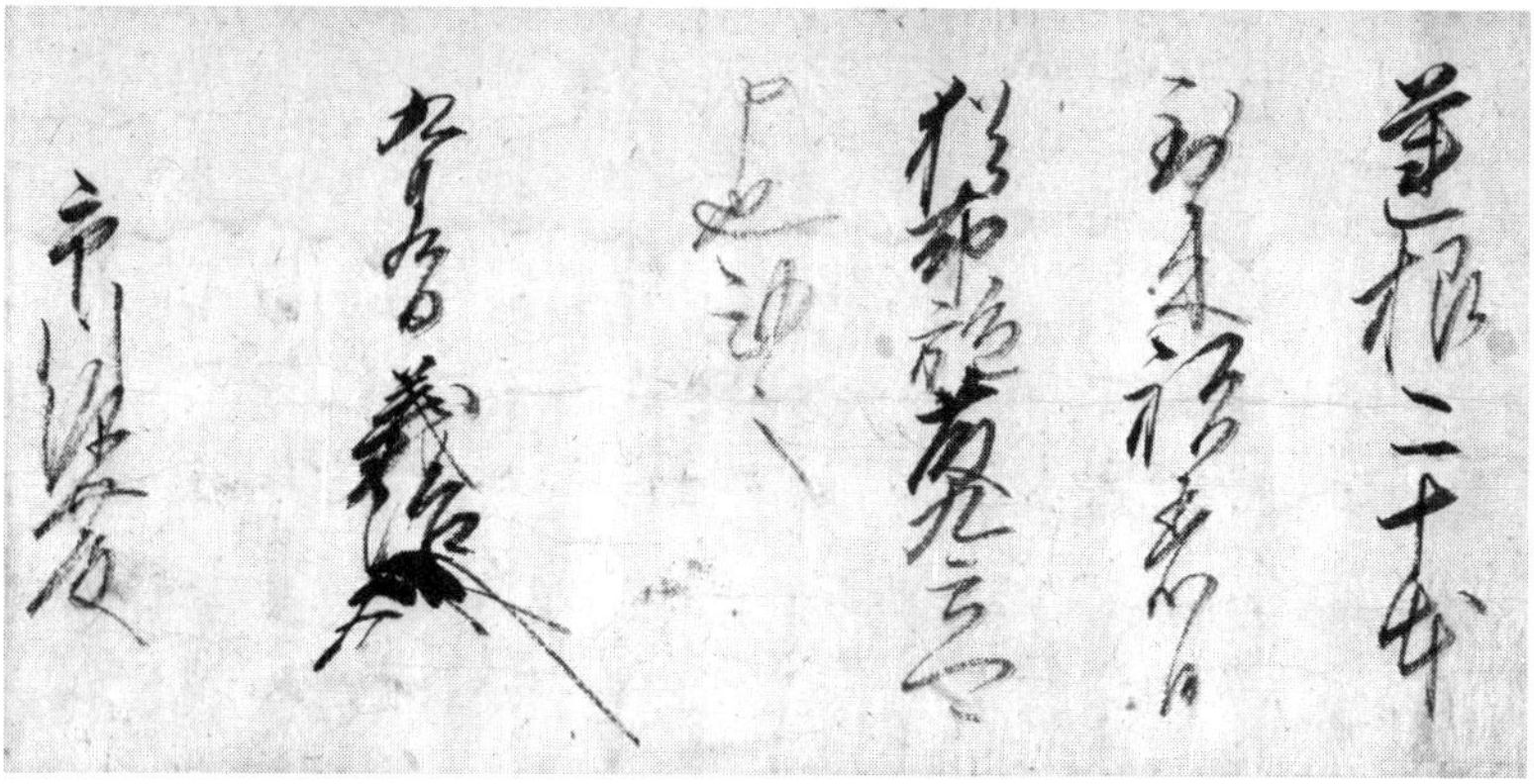
蓮根二十本
義治

六角義治書状◆市川源介から蓮根が届いたことへの礼状。義治ははじめ義弼と名乗り、永禄七・八年頃に義治と名を改めた。改名は観音寺騒動の影響とみられる　個人蔵　画像提供：滋賀県立安土城考古博物館

後藤氏館◆規模は最大で東西約100m、南北120m。館の周囲を取り囲む土塁と、石垣を用いた虎口の遺構が残る。発掘調査では掘立柱建物跡、門跡、堀跡等が見つかっている　滋賀県東近江市

浅井長政画像◆祖父・亮政以来、六角氏と対立し争いをくりひろげた　東京大学史料編纂所蔵模写

02 分国法・六角氏式目の制定

六角氏の分国法《ぶんこくほう》である六角氏式目は、永禄十年（一五六七）に制定された。式目は全六十七条からなり、後に各三条の追加法が二つ発布されている。この式目は、三上恒安《つねやす》以下二十名の家臣たちが六角義賢父子の要請を受けて起草にあたり、その内容を父子が承諾する形で制定されたという。実際に義賢父子と家臣たちは、互いに起請文を交わして式目の遵守を誓約している。観音寺騒動以後、当主の地位が動揺するなかで、義賢父子は家臣たちの要望を受け入れざるをえなかったのだろう。逆に、家臣の側も当主としての行動規範を示すことで権力の再建を図っており、六角氏を必要としていた。六角氏を中心とした秩序の回復が、式目の狙いだったのである。

条文は、刑事罰や年貢の収納、裁判の進め方に関する取り決めなどからなる。年貢の取り決めはとりわけ多岐にわたり、自治を強めていく惣村への対峙が課題となっていたことがうかがえる。また、寺領の保護や祈願所・寺庵に関する条文もあり、寺院が地域社会のなかで大きな存在感をもった近江の地域性が反映されている。さらに、裁判にかかる費用を一定額に抑える取り決めは、百姓も含めてあらゆる階層を裁判の対象とし、開かれた法廷を目指した政策として高く評価されている。

これらの施策のいくつかは式目の制定以前にも確認できることから、式目は過去の判例や旧来の慣習などを集成したものと考えられる。それゆえ、目新しい内容はなかったかもしれないが、分国法として一つにまとめることで、客観的な法規範を示し、権力としての公正性を内外にアピールすることが可能になったといえよう。

式目は制定後まもなく分国内に知れ渡り、実際の裁判などでもその条文を根拠とした訴えが出されている。しかし、永禄十一年、義賢父子が織田信長により観音寺城を追われたため、式目が効力をもったのは一年ほどの間にすぎなかった。六角氏当主と家臣たちは、復権を目指して式目を制定するが、結局その思いは実を結ばなかったのである。

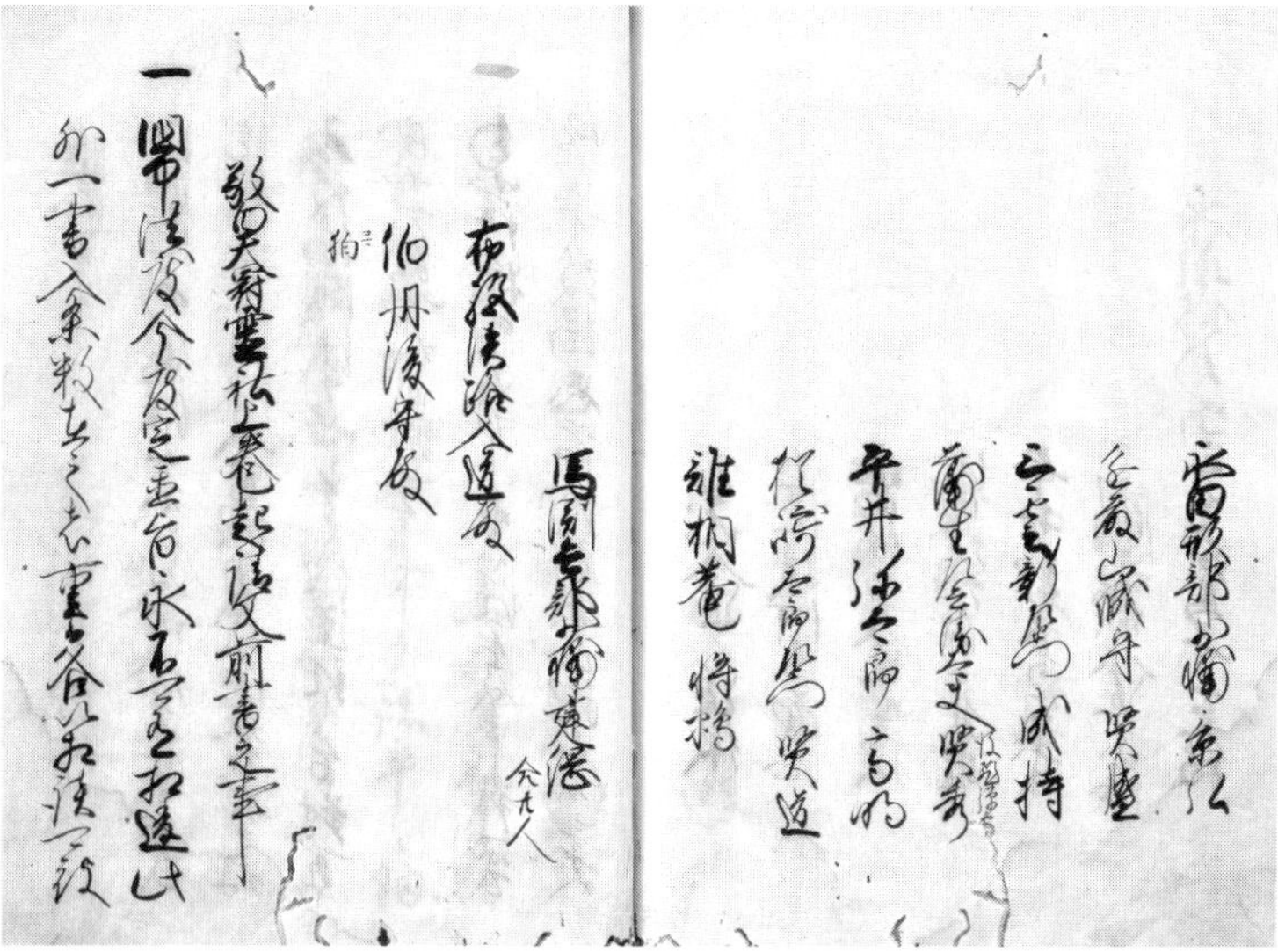

六角氏式目（部分）◆個人蔵　画像提供：滋賀県立安土城考古博物館

蒲生定秀画像◆蒲生高郷の子で六角氏の重臣。庶流であったが、嫡流家の蒲生秀紀を攻めて降伏させ、家督を継いだ。観音寺騒動が起こると六角義治をかくまうなど、事態の収拾に奔走した。六角氏式目には息賢秀とともに署名している　滋賀県日野町・信楽院蔵

六角義賢（承禎）画像◆義賢の「義」字は足利義晴からの偏諱授与。父定頼の死去により六角氏の家督を継いだ。弘治３年（1557）に嫡子義治に家督を譲り、出家して承禎と号したが、その後も実権を握り続けた　「太平記英雄伝」東京都立中央図書館蔵

03 織田信長襲来、観音寺城から没落

尾張国の守護代家の構成員にすぎなかった織田氏は、十六世紀後半に急速に勢力を伸ばし、信長の代になって尾張・美濃両国を手中におさめた。永禄十一年（一五六八）、信長は足利義昭《よしあき》を奉じて上洛する。義昭は永禄八年に義輝が三好方に攻め滅ぼされたことを受け、奈良を脱出し、矢島《やじま》（守山市）に身を寄せた。ところが、六角氏が三好方と結び、義昭を捕縛するとの一報が入ったため、翌年義昭は朝倉氏を頼って越前国へ逃れた。義昭は諸大名へ協力を呼びかけるが、これに信長が応じたことで、念願の上洛が実現したのである。

上洛に際して、信長は六角義賢へ協力を要請したが、義賢はこれを拒絶する。そのため、信長は上洛の途上に六角氏を攻めることとした。なお、近江北部の浅井長政には、すでに妹の市《いち》を嫁がせていたため、背後から攻撃される心配はなかった。

六角氏は、観音寺城の周囲に複数の城を構え、信長の進攻に備える。だが、信長はこれらには目をくれず、義賢父子らが籠もる観音寺城と箕作城のみに照準を定めた。箕作城が織田方により落城した翌日、義賢父子は観音寺城を退去する。甲賀郡などで勢力を蓄え、再起を図るつもりだったのだろう。

しかし、後藤・永田・進藤・永原・池田・平井ら主だった家臣たちは信長に下り、近江南部は織田方の勢力下に置かれた。ここで六角氏を見限ったメンバーの多くは、先の観音寺騒動で義治に反発し、観音寺城を一時退去している。騒動により顕在化した家中内の亀裂は、容易には修復できなかったのである。

この後、六角氏は近江南部で織田方へ何度かゲリラ戦を仕掛けるが、観音寺城を奪還することはついに叶わなかった。その間、織田方が観音寺城を何らかの形で利用した可能性は否定できない。現存する石垣の一部が、織田期に整備されたとする見解もある。いずれにせよ、天正四年（一五七六）に安土《あづち》城の建設が始ま

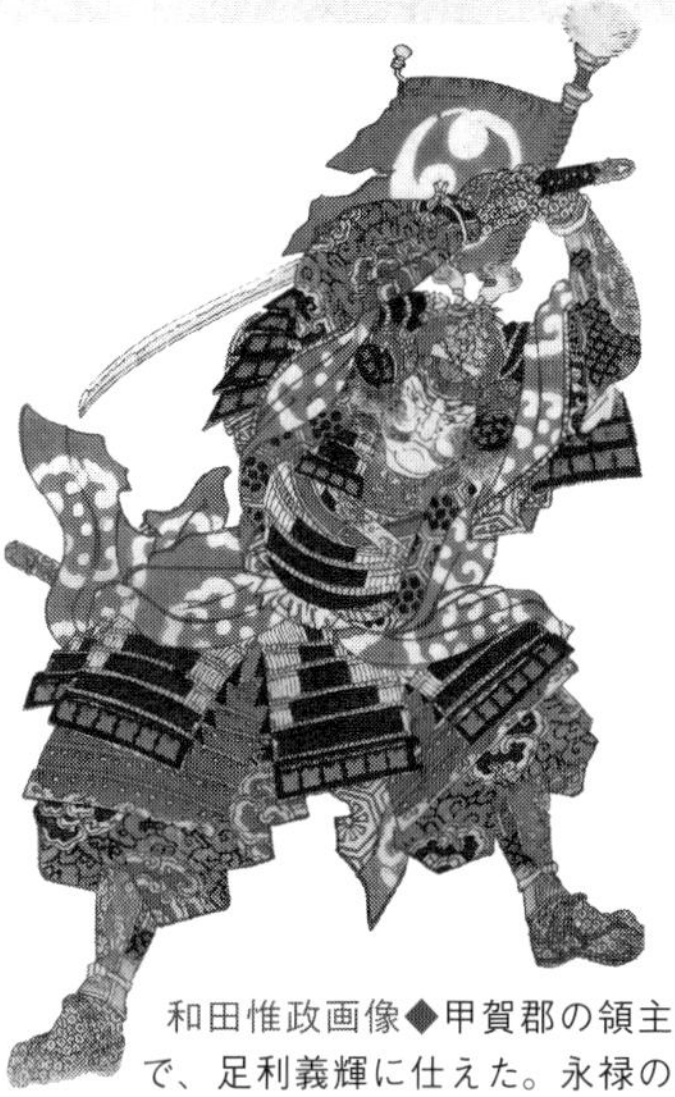

和田惟政画像◆甲賀郡の領主で、足利義輝に仕えた。永禄の変後には奈良から脱出した覚慶（義昭）を保護した。信長の協力により義昭が上洛すると、以後は義昭・信長双方に仕え、信長からは芥川城、次いで高槻城の城主を命じられている　「太平記英雄伝」　東京都立中央図書館蔵

織田信長画像◆足利義昭を擁して上洛を開始すると、協力を拒絶した六角氏を観音寺城・箕作城に攻め落城させた。元亀元年（1570）11月には足利義昭を通じて義賢父子と和睦したが、たびたび挙兵した義賢らと干戈を交えている　愛知県豊田市・長興寺蔵

ると、観音寺城を維持する必要性は失われることから、織田方による整備は限定的であったと考えられる。

和田城跡主郭虎口◆奈良を発った義昭は、まず和田惟政のもとに身を寄せた。甲賀郡の和田には、公方屋敷跡の伝承地がある。和田では、谷を包み込むように複数の城館が築かれたが、それらは分厚い土塁を方形にめぐらしており、甲賀郡域での城づくりの典型的なあり方がうかがえる　滋賀県甲賀市

04 浅井・朝倉と結んだ反信長軍事行動

上洛を果たした織田信長は、足利義昭を支えながら畿内に影響力を及ぼしていくが、それに反感を抱く者も少なくなかった。同盟を結んでいたはずの浅井長政は、元亀《げんき》元年（一五七〇）に朝倉義景《よしかげ》と結び、信長と断交する。長政は同年の姉川《あねがわ》の戦いで織田方に敗北するが、直後の志賀《しが》の陣では宇佐山《うさやま》城（大津市）主の森《もり》可成《よしなり》を討ち取るなどして善戦した。

潜伏していた六角氏は、浅井・朝倉方の軍事行動に呼応し、近江南部で反信長の一揆を扇動する。この頃、大坂本願寺の挙兵もあって、信長は苦境に追いやられていた。翌年、延暦寺は志賀の陣に際して信長の申し入れに応じなかったとして、焼き討ちに遭った。

六角氏の抵抗の拠点は、甲賀郡と愛知郡にあった。六角義賢は甲賀郡西部の石部《いしべ》城や菩提寺《ぼだいじ》城（ともに湖南市）を拠点とし、義治は愛知川右岸の鯰江《なまずえ》城（東近江市）に籠もったことが知られる。観音寺城を中心としたかつての分国が織田方に制圧されていたため、縁辺部にそれぞれ拠点を定め、挟撃する作戦をとったのだろう。浅井方と連携をとる上でも、愛知郡に拠点を置くことは有効といえる。なお、義賢を甲賀郡西部へ引き入れたのは、同地に勢力をもつ三雲氏であろう。三雲氏は、観音寺騒動時に義賢を自身の館にかくまっており、義賢の信頼が厚かったものと思われる。

天正《てんしょう》元年（一五七三）、信長と義昭の対立は決定的なものとなる。二月、山岡氏らは義昭に呼応し、石山・今堅田（ともに大津市）に籠もるが、明智光秀《あけちみつひで》らに鎮圧された。この軍事行動には、三雲成持《なりもち》も関与していた。八月、浅井久政父子が小谷城で自刃すると、織田方は九月に鯰江城を攻め、義治は降参した。

これにより、義賢の籠もる石部城の攻防が焦点となる。織田方は、十二ヶ所もの付城《つけじろ》（城を攻める側が築いた砦）を築いて石部城を包囲した。六角方は、山中《やまなか》長俊《ながとし》らの軍功もあって籠城を続けたが、翌年四月、ついに城を出て、信楽《しがらき》（甲賀市）経由で伊賀方面へと逃

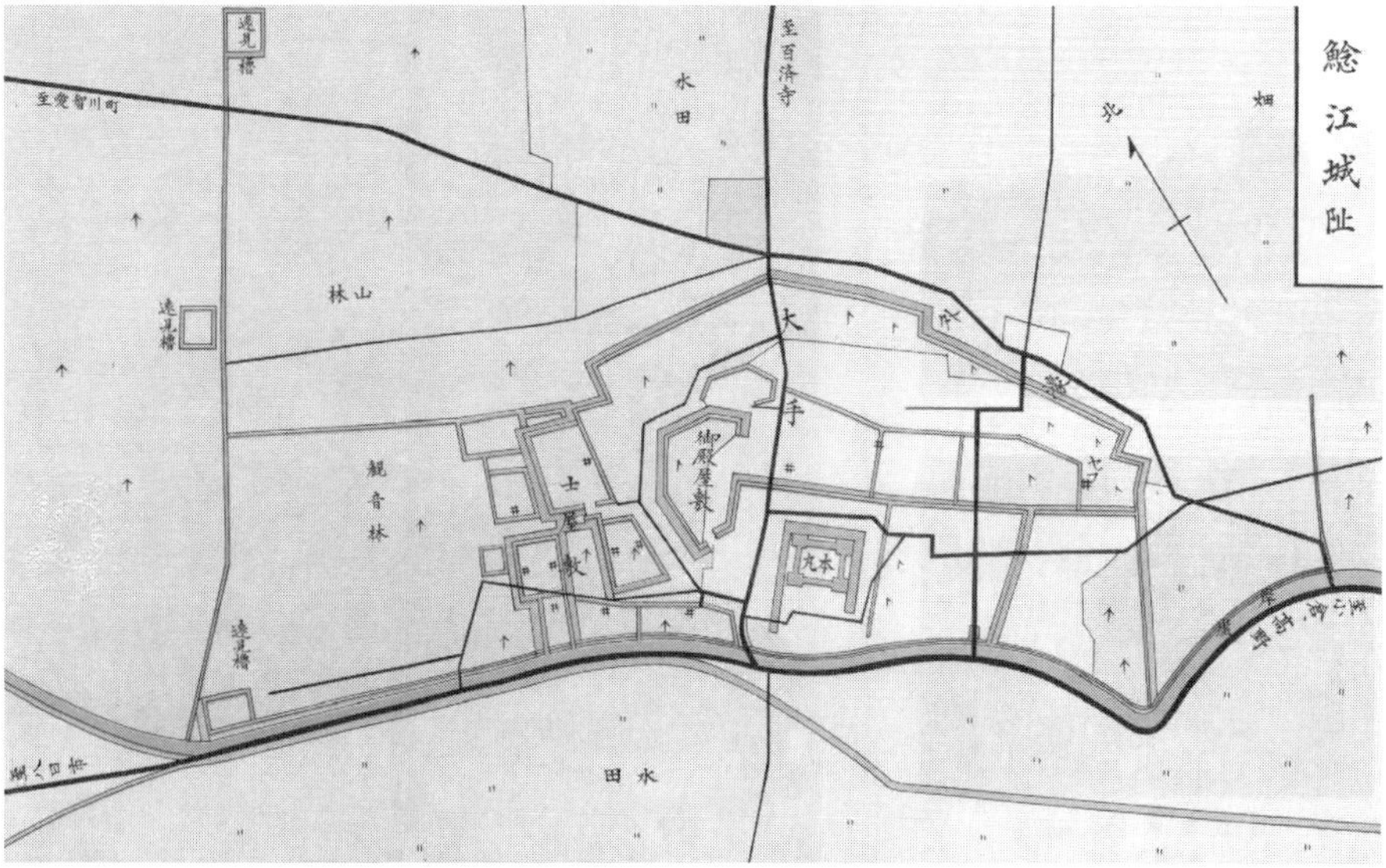

鯰江城趾図（部分）◆鯰江氏の居城。土塁の一部が残る。六角氏を迎え入れた鯰江貞景の子定治はのちに豊臣秀吉に仕えた　『近江愛智郡志』二

浅井久政画像◆父亮政とは異なり六角氏と協調関係を築いた。嫡男長政の元服の際には、六角義賢から偏諱をうけ「賢政」と名乗らせた上、六角氏重臣・平井定武の娘を娶らせている　東京大学史料編纂所蔵模写

れた。こうして六角方の近江での抵抗は終焉を迎えるが、浅井氏よりも長期にわたり抵抗を続けたことは注目すべきである。

05 近江退去後の苦難、子孫は加賀藩士に

近江を追われた六角氏は、足利義昭に従い、武田《たけだ》・上杉《うえすぎ》・吉川《きっかわ》・小早川《こばやかわ》らの大名と連絡を取り合っている。天正三年（一五七五）五月、六角義賢は穴山信君《あなやまのぶただ》に対し、武田勝頼《かつより》の三河《みかわ》での戦勝を賞する書状を送っている。勝頼が長篠《ながしの》の戦いで大敗を喫するのは、この直後である。同年末、義昭は上杉謙信《けんしん》に大館藤安《ふじやす》を使者として派遣し、武田・北条《ほうじょう》との和睦を実現し、上洛に協力するよう要請した。義賢も、幕府再興に向けて謙信へ協力を仰いでいる。

天正四年、義昭は毛利氏を頼って鞆《とも》（広島県福山市）へ移り、義治も同道した。四月、義治は長景連《ちょうかげつら》に対し、義昭の上洛に協力するよう謙信へ取り成すことが、公儀への忠孝であると説く。謙信は上洛への派兵を決め、義治はこれを賞する書状を八月に送っている。鞆での義昭の権力が幕府としての内実を伴っていたかは評価のわかれるところだが、義治がその重要な構成員の一人であったことは間違いない。

天正十年に武田勝頼を滅ぼした信長は、佐々木次郎をかくまったとして恵林寺《えりんじ》（山梨県甲州市）を包囲し、快川紹喜《かいせんじょうき》以下多数の僧侶たちを焼き殺した。この佐々木次郎は、義賢の息子で、後に大原氏の名跡を継いだ高定《たかさだ》とされている。高定は、同じく甲斐に逃れていた若狭《わかさ》武田の五郎（信由《のぶよし》か）とともに処刑されたとあるが、実際には追手を免れて生き長らえた。

後に義賢は豊臣秀吉《とよとみひでよし》に召し抱えられ、慶長《けいちょう》三年（一五九八）に宇治《うじ》で没した。義治は豊臣秀次《ひでつぐ》の弓の師範をつとめ、秀次の没後は秀吉・秀頼《ひでより》に仕え、慶長十七年に賀茂《かも》で亡くなる。前出の高定の息子定治《さだはる》が、義治の娘と結婚し、その家が加賀《かが》藩士として江戸時代を通じて存続した。酬恩庵《しゅうおんあん》（京都府京田辺市）には義賢・義治らの墓があり、慶長八年にはすでに高定夫妻が墓参りに訪れている。

このように、近江退去後の六角氏は、義昭を支えながら信長への抵抗を細々と続けた。しかし、秀吉のも

とで天下の大勢が決すると、その傘下に入り、過去の戦績や技能を活かして一介の武士として生きる道を選んだ。何とも地味ではあるが、この間の政権の移り変わりにともない、多くの武士が没落したことを踏まえると、六角氏の選択は決して非難されるものではないだろう。

義賢と一族の墓◆墓のある酬恩庵は慶安３年（1650）に伽藍が再興されたが、その際、高定の子定治が関与していたことが明らかになっている　京都府京田辺市

豊臣秀吉画像◆信長の没後、勢力を拡大し天下人となった秀吉のもとには、六角義賢・義治が御伽衆として仕えている　佐賀県立名護屋城博物館蔵

鞆の浦◆信長に追放された足利義昭は、毛利氏を頼って西国に落ち、備後国鞆に滞在した。鞆時代の義昭のもとには義堯と名を変えた義治が近侍していた　広島県福山市

06 信長の安土城と六角氏・観音寺城

織田信長が天下統一の拠点とした近江国は、もともと六角氏を中心とする佐々木の一門が分割して統治にあたっていた。信長は、こうした前提をある程度踏まえた上で、領国化を進めたものと思われる。信長の居城安土城を例に、そのことを考えてみよう。

安土城は、観音寺城の北西の尾根続きに位置する。標高は二〇〇メートル足らずであり、規模も観音寺城には及ばない。主要街道である東山道にも、観音寺城のほうが近い。だが、安土山は当時、琵琶湖に突き出た半島であり、中世以来の湊である常楽寺にも近いことから、信長は琵琶湖の水上交通を重視して城を築いたと考えられる。織田方が近江で新たに築いた城郭は、いずれも琵琶湖に面しており、それらを結ぶことで制海権の掌握が可能となる。ただし、坂本城と長浜城《ながはま》（長浜市）の築城は安土城に先行しており、信長が当初から琵琶湖を結ぶ城郭網の構築を意図していたかは慎重に検討すべきである。

安土城は、本格的な天主《てんしゅ》（守）を初めて築いたことで知られる。天主を中心とした山上部の入り口には、黒金門《くろがねもん》と呼ばれる桝形虎口を配置し、家臣団屋敷とみられる大手道沿いの曲輪群との差別化を図っている。この山上部の一角に、江雲寺殿御殿《こううんじどのごてん》と呼ばれる建物があった。江雲寺殿は、六角氏の最盛期を築いたとされる定頼のことである。信長は、前代の支配者である六角氏を祀る空間を城の中枢域に設け、一定の敬意を払ったことがうかがえよう。

安土城は、惣石垣で築かれた点でも近世城郭の先がけとされている。その石材は、長命寺山・長光寺山・伊庭山など近隣から調達されたことが『信長公記《しんちょうこうき》』にみえるが、観音寺山（繖山）からも石材が運ばれている。繖山は現在でも巨岩が各所に露頭しており、石垣に適した石材もあっただろう。一方で、観音寺城の石垣の石材を持ち去った形跡はうかがえない。観音寺城の遺構を残すべき理由があったのだろうか。

安土城山麓の虎口◆大手門西側の虎口で、桝形虎口となっている　滋賀県近江八幡市

安土城の城下町は、家臣団の集住や楽市令による都市の振興など法制度上の画期性が強調されてきたが、既存の集落をベースに都市化がなされたため、町割りはそれほど整っていない。空間構造の面では、先行する小牧《こまき》（愛知県小牧市）や長浜のほうがむしろ先進的である。近江の地域史に即して、信長の事績を検証する必要があろう。

坂本城跡碑◆明智光秀の居城で、元亀2年（1571）から築城が開始された。琵琶湖に面して築かれた水城で、天主が建てられたことが史料上確認できる　大津市

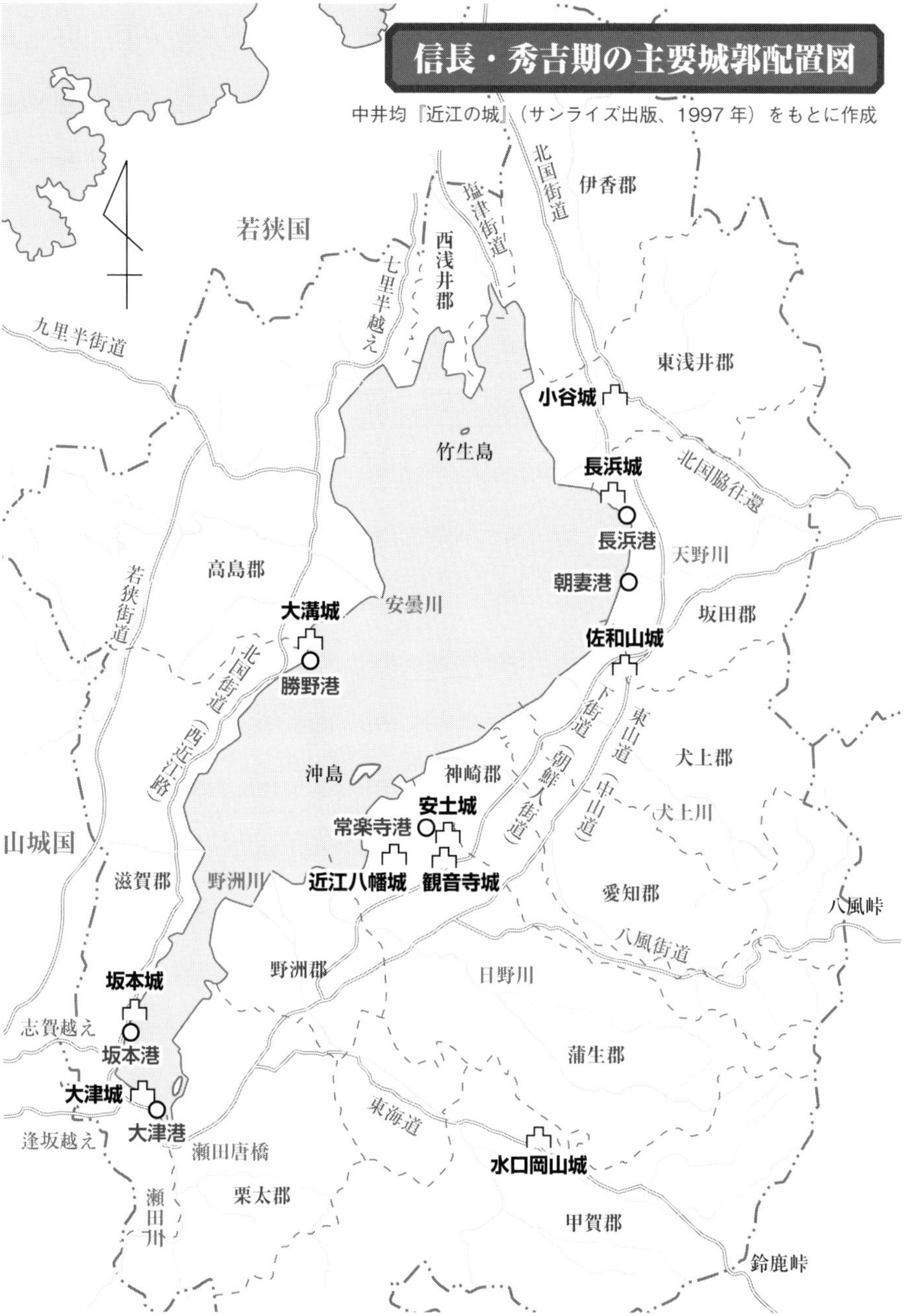
信長・秀吉期の主要城郭配置図
中井均『近江の城』（サンライズ出版、1997 年）をもとに作成
若狭国
山城国
北国街道
伊香郡
塩津街道
西浅井郡
七里半越え
九里半街道
東浅井郡
小谷城
竹生島
長浜城
長浜港
北国脇往還
天野川
高島郡
朝妻港
若狭街道
安曇川
大溝城
坂田郡
佐和山城
勝野港
北国街道（西近江路）
下街道（朝鮮人街道）
東山道（中山道）
犬上郡
沖島
神崎郡
安土城
常楽寺港
犬上川
近江八幡城
観音寺城
滋賀郡
野洲川
愛知郡
八風峠
八風街道
野洲郡
日野川
坂本城
志賀越え
坂本港
蒲生郡
大津城
大津港
東海道
逢坂越え
瀬田唐橋
水口岡山城
瀬田川
栗太郡
甲賀郡
鈴鹿峠

安土城跡航空写真◆標高198mの安土山一帯に築かれた織田信長の居城。国指定特別史跡。山内の摠見寺に現存する三重塔と仁王門が当時のものとされる　滋賀県近江八幡市　画像提供：滋賀県教育委員会

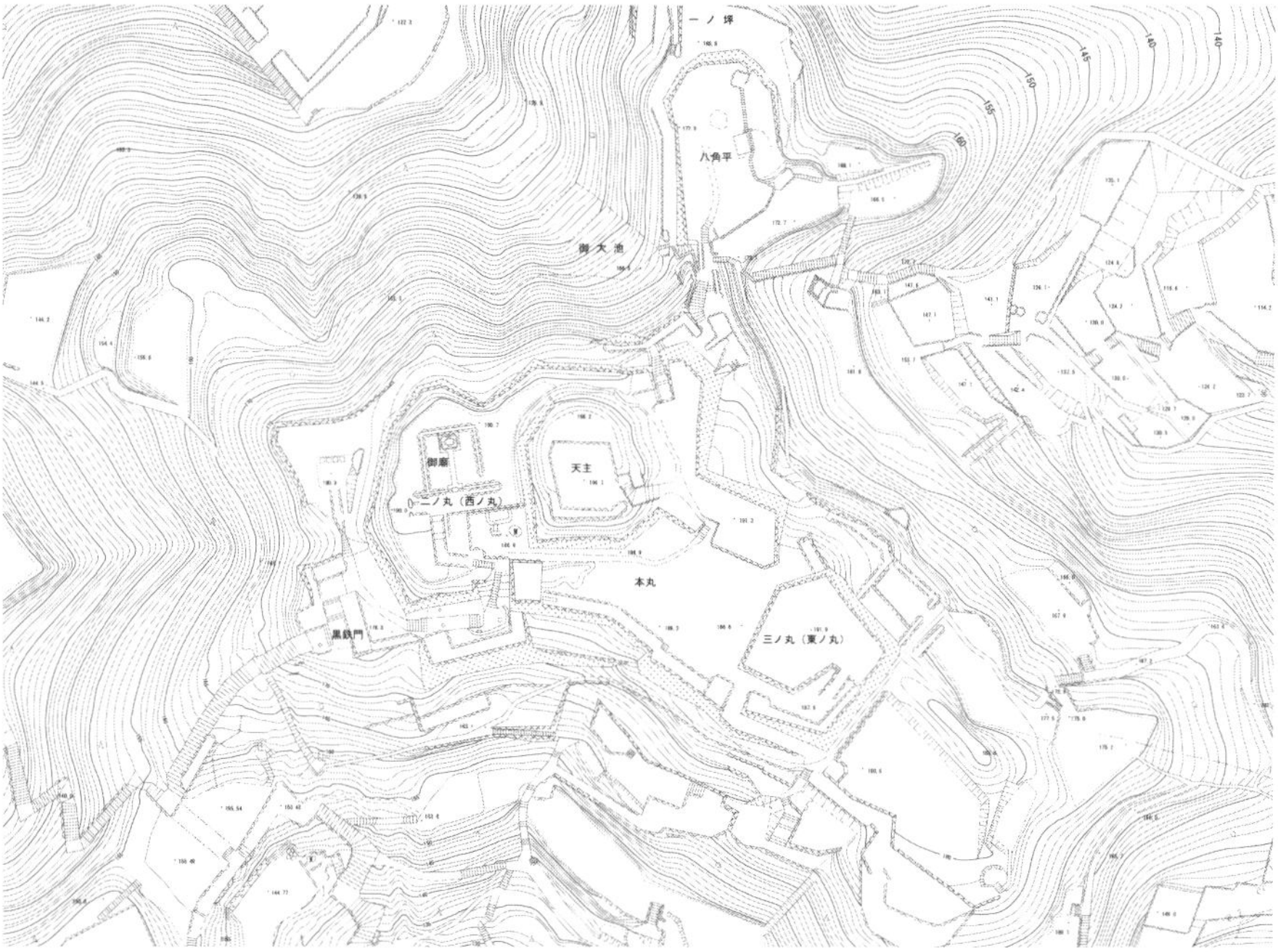

安土城跡主郭部◆画像提供：滋賀県教育委員会

07 山上に戻った近世の観音正寺と石寺

観音正寺は寺伝によると、観音寺城の整備にともない山麓に移転し、慶長年間（一五九六〜一六一五）に再び山上に本堂を建立したという。天保《てんぽう》十二年（一八四一）の史料からは、本堂・閼伽井《あかい》観音堂・三十三所観音堂・元三大師《がんざんだいし》堂・鎮守二社・鐘堂・地蔵堂二棟・土蔵・御供所の存在が確認でき、その様子を『近江名所図会』にみることができる。十ヶ坊の子院を有していたが、天保十二年の時点で住職がいたのは四ヶ坊にとどまっていた。

元禄《げんろく》五年（一六九二）、紀伊国前田村（和歌山県広川町）の巡礼者が観音堂にて息絶えたため、観音正寺は慣例に従い、伝平井丸跡に埋葬した。近世には、伝平井丸跡は墓所となっており、焼香の導師を山内の僧侶がつとめていた。この措置をめぐって、同様の埋葬を行っていた桑実寺から疑義が出て、公儀へ訴えがなされる。明和《めいわ》三年（一七六六）にも、柴木の刈り取りに関わって、山堺をめぐる相論が両寺の間で起きている。こうした相論のなかで、家臣の名を冠した屋敷名がたびたび登場する点は見逃せない。近世の人々にとって、山林の用益は生活に不可欠であり、山の地形や現況は詳細に把握されていた。繖山では、観音寺城の遺構が一つの目安となり、山堺の把握がなされていたのである。

ただし、これらの屋敷地の比定は『江源武鑑』の影響を多分に受けており、そのまま史実と受け取るわけにはいかない。実際に観音正寺は訴訟のなかで、由緒を裏づける書物として『江源武鑑』を挙げている。同書は近世にはすでに偽書と認定されていたが、そこでの言説は近江国内に流布し、地元の伝承として定着していった。観音正寺の由緒をみる上で、この点に注意が必要である。

明治十五年（一八八二）には、彦根《ひこね》城の欅《けやき》御殿《ごてん》を移築した本堂が現在地に再建される。この工事にともない、明治十年には土台の石垣が築かれるが、裏込め石は石寺の人々が総出で山上へ運び、これを詰めた。

近代に入っても石寺と観音正寺との密接な関係がうかがえ、興味深い。

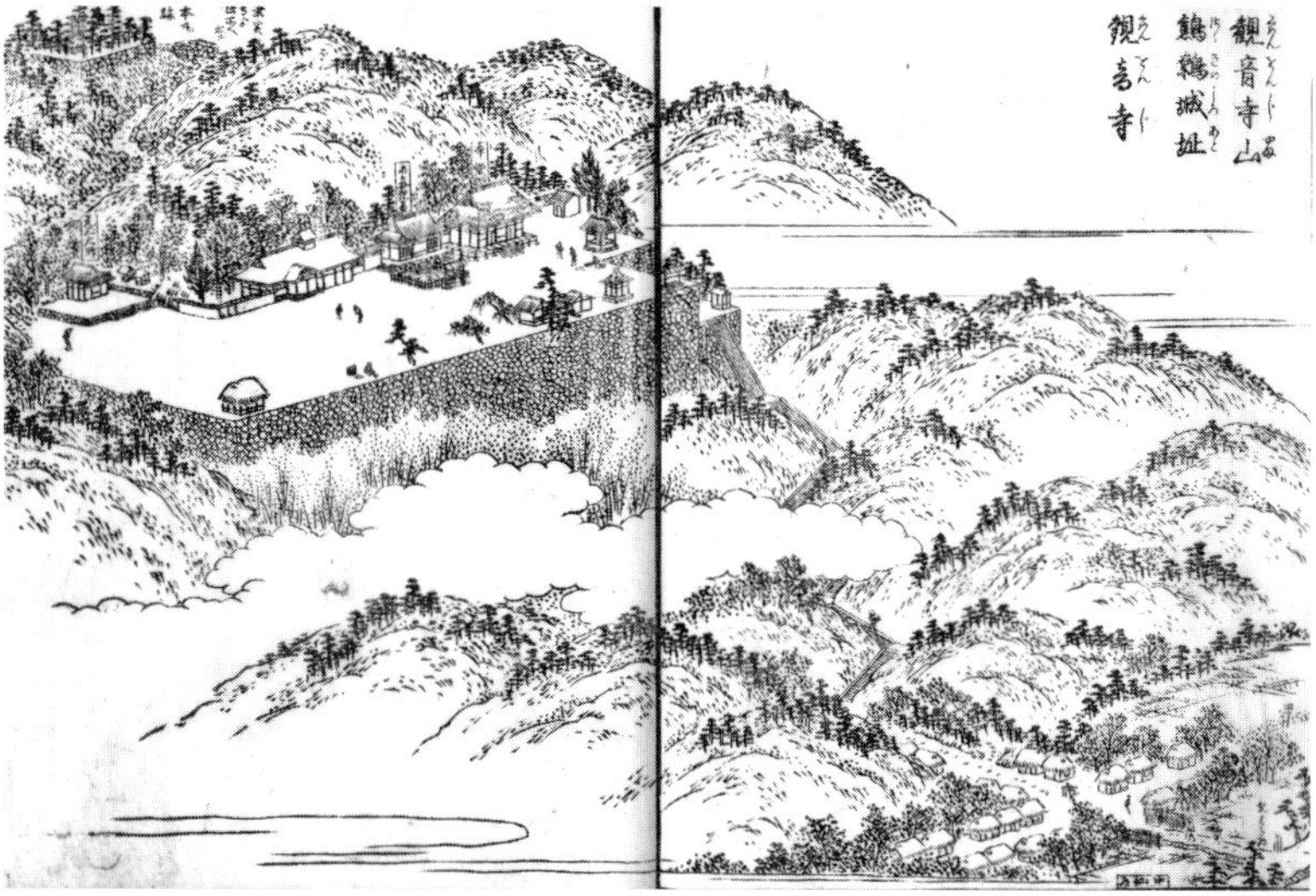

『近江名所図会』に描かれた近世の観音正寺◆個人蔵

観音正寺の石垣◆写真の手前が古い石垣、奥の算木積みからは拡張造成された石垣

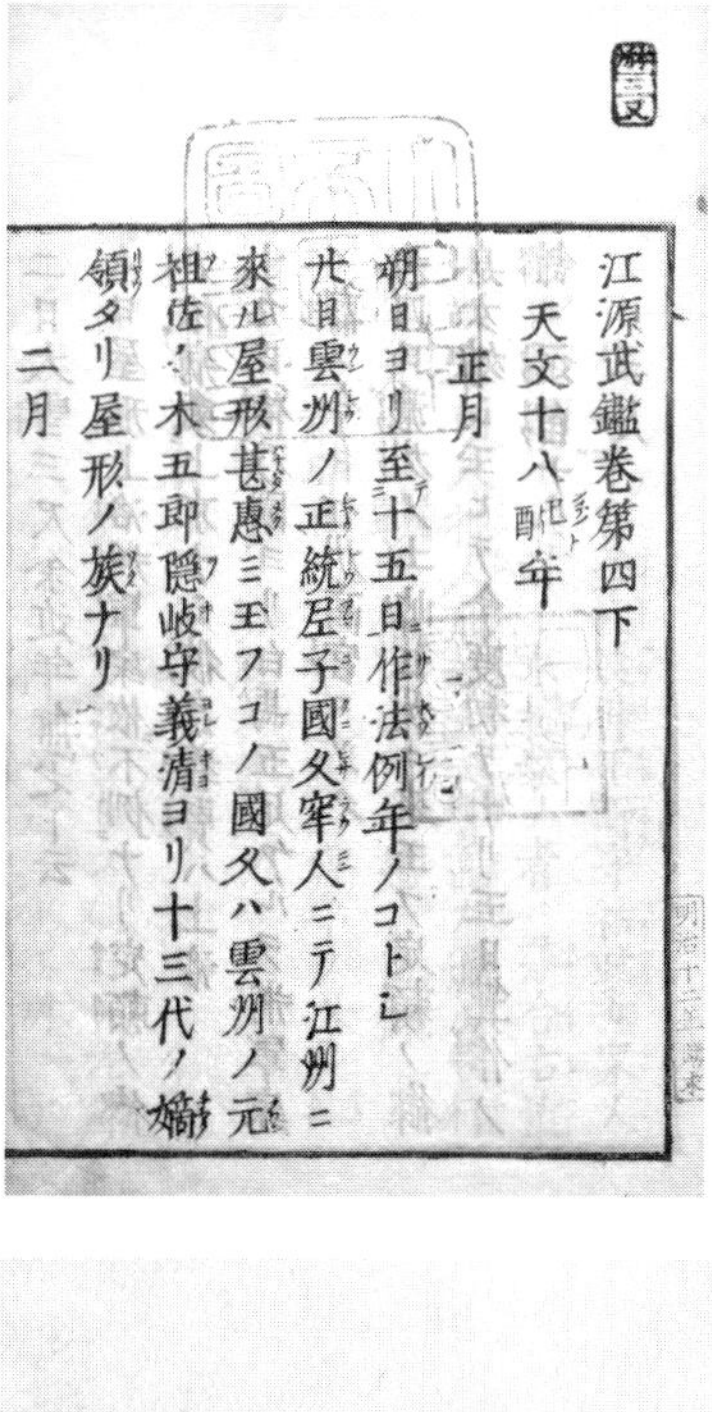
江源武鑑巻第四下
天文十八酉年
正月
朔日ヨリ至十五日作法例年ノコトシ
六日雲州ノ正統尼子國久牢人ニテ江州ニ
來ル屋形甚惠ミ玉フコノ國久ハ雲州ノ元
祖佐々木五郎隠岐守義清ヨリ十三代ノ嫡
領タリ屋形ノ族ナリ
二月

『江源武鑑』◆戦国期の六角氏の歴史を記すが、年代に誤りが多く、同時代史料で確認ができない事項も多い。著者は「佐々木氏郷」とされるが、沢田源内によって作られた偽書と評価されている　国立公文書館蔵

08 観音寺城跡の保存整備と史跡指定

観音寺城跡の保存整備は、昭和四十五年（一九七〇）の近江風土記の丘の設置にともない本格化する。近江風土記の丘は、県下からの移築建物と近江風土記の丘資料館（後に滋賀県立安土城考古博物館へ発展的に解消）を中心とし、周辺の城館跡や古墳群、寺院などの文化財を含む歴史公園である。設置に先駆けて西尾根上の曲輪群の発掘調査を実施し、見学コースの補修、石垣などの遺構の一部に保存処置を施した。

昭和五十一年、山内での道路整備にともない遺構の一部が破壊されたことを受け、城跡の保存を求める運動がはじまる。翌年には「観音寺城跡を守る会」が発足し、山道整備の計画変更と遺構の保存整備を求める要望書を県へ提出した。同会は『観音寺城と佐々木六角氏』という名の雑誌を計四号発行するが、そこでは最新の研究成果が紹介され、観音寺城をめぐる研究の水準を一気に引き上げた。

こうした保存運動や研究の盛り上がりもあって、昭和五十六年度には国史跡への指定が実現する。昭和五十九年度には、繖山西麓の宮津地区が追加指定された。これにより、山上部の城跡は強力な保護の対象となったが、南麓の石寺地区は土地所有の問題から指定には至っていない。高石垣で有名な伝御屋形跡も、指定地の範囲外である。南麓にも家臣の屋敷や寺坊の跡が多数残り、山上部との密接な関わりが想定されることから、将来的な追加指定が課題となっている。

史跡指定により保存の見通しが立つと、観音寺城跡の調査や整備の動きはいったん下火となるが、滋賀県教育委員会は平成十七年度に保存管理計画、同十九年度には整備基本構想・基本計画を策定し、今後の総合的な活用に向けた指針を示した。これを受けて、山上部の動線を探るための発掘調査や石垣の分布調査が行われ、整備のための基礎データが得られた。石垣の多さは観音寺城の特色であるが、すでに崩壊や孕みが進んでいる箇所もあり、今後どのように保全していくのかが重要となろう。近世の石垣のような保存修理の実績がほとんどないだけに、その取り扱いには慎重な判断が求められる。

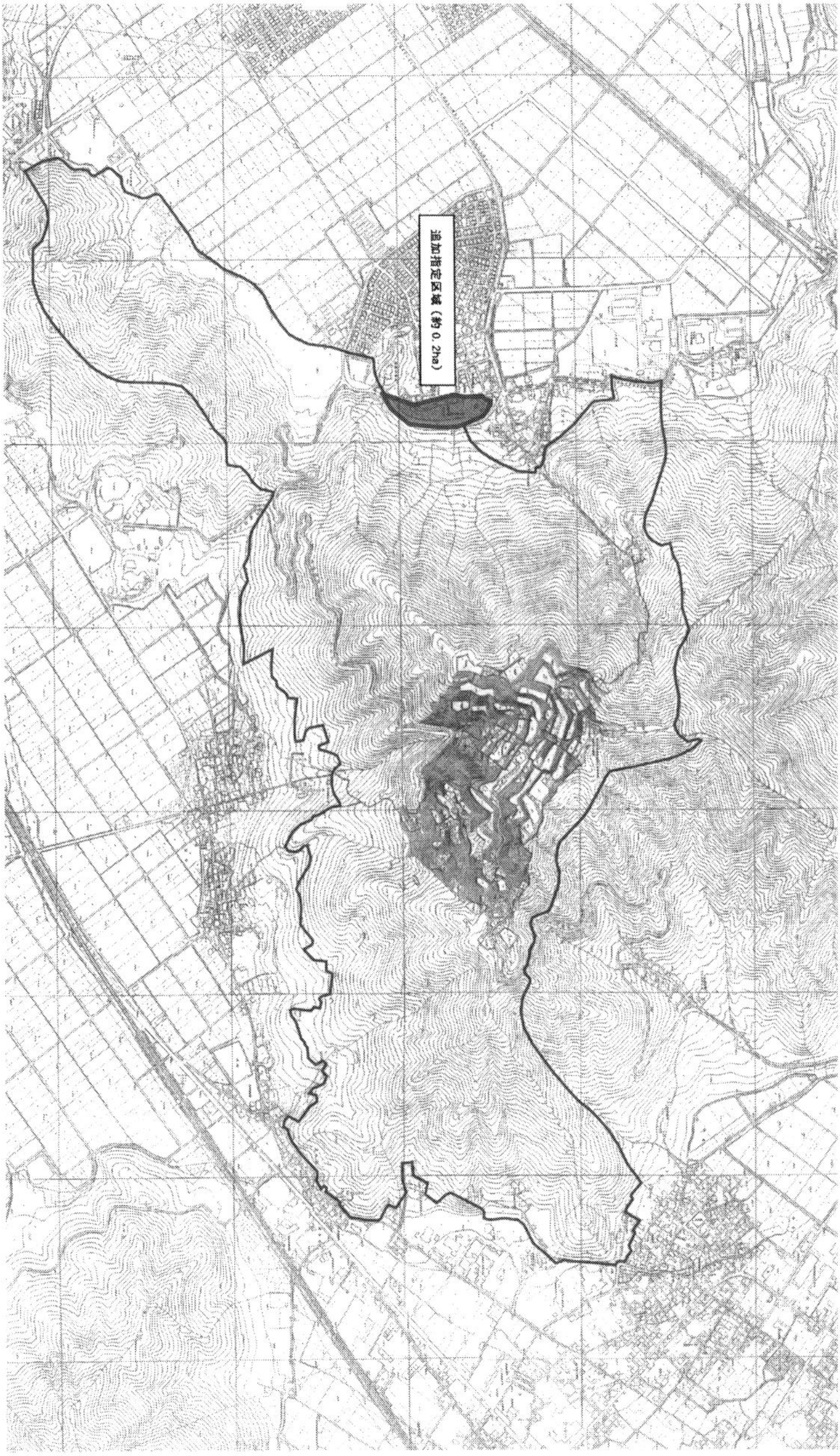

史跡観音寺城跡の範囲◆『史跡観音寺城跡保存管理計画報告書』より転載

COLUMN

滋賀県立安土城考古博物館

滋賀県立安土城考古博物館は、特別史跡安土城跡・史跡観音寺城跡・史跡瓢箪山古墳・史跡大中の湖南遺跡で構成される「近江風土記の丘」の中心的な施設として平成四年（一九九二年）に開館した。常設展示は、弥生時代から古墳時代にかけての遺跡を取り扱った展示室と、戦国時代から江戸時代にかけての城郭をテーマとした展示室の二つで構成されている。よくある教科書的な通史展示ではなく、周辺の特筆すべき遺跡とその歴史背景に焦点を当てており、史跡のガイダンス施設としての性格も備えている。

城郭の展示室には、観音寺城の模型や出土遺物、関連する古文書などが展示されており、観音寺城跡を見学する前には必ず押さえておきたい施設である。全国的にメジャーな「安土城」の名を冠しているが、実際には繖山の麓にあり、城跡に至る登山道も整備されている。やや登りはきついが、展示を見学してから現地を訪れると、さらにイメージが膨らむことだろう。

同館は、特別展・企画展を年数回開催している。戦国・織豊期や城郭をテーマとした企画が多く、一般の注目度も高い。六角氏関連では、「観音寺城と佐々木六角」（平成七年度）、「近江源氏と沙沙貴神社」（平成十四年度）、「戦国時代の近江・京都—六角氏だってすごかった!!—」（令和四年度）といった特別展が過去に開催されている。六角氏が表に出ないテーマでも、六角氏の発給文書や観音寺城の絵図などは頻繁に展示されており、私も頻繁に足を運んでいる。同館は、織田信長や安土城に加えて、六角氏や観音寺城に関する資料の収集・保存、調査・研究を牽引してきた。六角氏ファン（どれくらいいるのかわからないが）の「聖地」ともいうべき博物館だろう。

あとがき

観音寺城との出会いは、卒業論文のテーマを考えていた学部三年生の頃にさかのぼる。中世城郭に関心のあった私は、城郭と権力や地域社会との関わりについて研究しようと思っていた。研究史を紐解いていくと、観音寺城が戦国時代を代表する拠点的な城郭と評価されていることがわかり、早速現地を訪れた。すると、城域の広さや遺構の立派さに圧倒され、こんなすごい城を築いた六角氏がどのような権力であったのかを調べたいと考えるようになった。それ以来、十年以上もの間、六角氏の研究を続けている。

私の専門は、古文書や古記録から歴史を読み解く文献史学であるが、山城の縄張図を描いたり、地籍図や絵図などを用いて城館の構造を分析する研究（狭義の城郭史）にも携わっている。この二つのアプローチを融合させたいと思って研究してきたが、一筋縄ではいかないことが次第にわかってきた。文献史学で主に扱う良質な史料に城館の名前が登場することはあまりなく、あったとしてもそれが現存する遺構と直接結びつくかは慎重に判断しなければならない。ましてや、城内のどこで、誰が、いつどんな暮らしをしていたかといった具体的な情報は知る由もない。素朴な疑問になかなか答えられないのは、学問の常といえようか。

観音寺城は、戦国期の城館としては珍しく、信頼できる史料にその名が頻出する。私はそれらの記事を集め、六角氏の権力構造や近江の地域社会の特質と絡めてその役割を追究したことがある（拙著『戦国期六角氏権力と地域社会』（思文閣出版、二〇一八年）第二部第三章、初出二〇一五年）。そこでは、文献史料から何がいえるのかに主眼を置き、遺構や空間構造との関わりについてはあえて禁欲的な態度をとった。研究の一段階として、そうした戦略も必要であると考えたが、現存する見事な遺構の価値を発信するという点では不十分だったかもしれない。前職で城跡の整備に携わったこともあり、観音寺城のガイドブックをいずれ書きたいと思うようになった。

そんななか、戎光祥出版株式会社の丸山編集長より、「六角氏と観音寺城」というテーマで本を書いてみないかとお誘いいただいたのはまさに「渡りに船」であった。当初は「実像に迫る」シリーズでの刊行を予定していたが、同社のご高配により、より紙幅を費やせる「図説」で書かせていただくことになった。「図説」はこれまで、有名な人物や事件、政治体制などをテーマに扱ってきた。テーマ別に文章が整理されており、ビジュアル素材が多いので、門外漢にも親しみやすい。私も授業の参考資料などとして活用している。図面や写真がないとわかりづらい城の話は、「図説」にピッタリだと執筆しながら感じた。今後のさらなるシリーズ展開を期待したい。

本書は、私にとって初めての書き下ろしである。長く研究してきたテーマではあったが、一から本をつくるのは予想以上に大変で、執筆は難航した。加えて、新型コロナウィルスの感染拡大により、本来やるべき調査を十分に行うことができなかった。これにより、詰めきれない部分も残ったが、それも含めて今後の研究の糧にしていきたい。

近江国は、歴史研究者を魅了する豊かな史資料を豊富に有し、各分野の研究蓄積も厚い。とりわけ、博物館を中心とした文化財の調査・研究が盛んで、展覧会や各種イベントの充実ぶりには目を見張るものがある。これは、地元住民の歴史への関心の高さの裏返しとも捉えられよう。こうした魅力的なヒトやモノとの触れ合いが、私の研究の原動力となっている。そして、私を近江国に引き合わせてくれたのは、紛れもなく観音寺城である。私にとって近江国は、研究の基礎を育んでくれたフィールドであり、第二の故郷といっても過言ではない。

コロナ禍はなかなか終息を見せないが、対面のイベントは少しずつ復帰しつつある。そのなかで、城の講演を依頼されることも増えた。根っからの城好きにはうれしいことである。これからも城の魅力を少しでも多くの方々に伝えていけるよう、日々精進していきたい。

二〇二二年十一月

新谷和之

【付記】本書は、令和二年度近畿大学学内助成金（SR02）およびJSPS科研費JP22K13209の交付を受けた研究成果の一部である。

【主要参考文献】

天野忠幸　『三好長慶―諸人之を仰ぐこと北斗泰山―』（ミネルヴァ書房、二〇一四年）
石井進他編　『中世政治社会思想』上（岩波書店、一九七二年）
石田晴男　『中世山中氏と甲賀郡中惣』（同成社、二〇二一年）
伊庭　功　「観音寺城跡に残る採石場（推定）と石垣の矢穴痕」『研究紀要』一二（安土城郭調査研究所、二〇〇六年）
伊庭　功　「観音寺城跡の石垣―観音正寺と観音寺城跡（3）―」（『織豊城郭』一四、二〇一四年）
内堀信雄他編　『守護所と戦国城下町』（高志書院、二〇〇六年）
上横手雅敬　『鎌倉時代政治史研究』（吉川弘文館、一九九一年）
蔭山兼治　「戦国期城郭―天台宗山岳寺院の利用法について―」（『文化史学』五〇、一九九四年）
勝俣鎮夫　「観音寺城雑感」（『観音寺城と佐々木六角氏』三、一九七九年）
勝俣鎮夫編　『中部大名の研究』（吉川弘文館、一九八三年）
勝俣鎮夫　『戦国法成立史論』（東京大学出版会、一九七九年）
亀井若菜　『表象としての美術、言説としての美術史―室町将軍足利義晴と土佐光茂の絵画―』（ブリュッケ、二〇〇三年）
亀田俊和・杉山一弥編　『南北朝武将列伝　北朝編』（戎光祥出版、二〇二一年）
川岡勉編　『中世後期の守護と文書システム』（思文閣出版、二〇二二年）
北原　治　「矢穴考1―観音寺城技法の提唱について―」『紀要』二一（財団法人滋賀県文化財保護協会、二〇〇八年）
木下　聡　『斎藤氏四代―人天を守護し、仏想を伝えず―』（ミネルヴァ書房、二〇二〇年）
木下昌規　『足利義晴と畿内動乱―分裂した将軍家―』（戎光祥出版、二〇二〇年）
黒田俊雄　『日本中世の国家と宗教』（岩波書店、一九七五年）
小島道裕　『戦国・織豊期の都市と地域』（青史出版、二〇〇五年）
小島道裕　「戦国期城下町と楽市令再考―仁木宏氏の批判に応えて―」（『日本史研究』五七八、二〇一一年）
小島道裕　『城と城下―近江戦国誌―』（吉川弘文館、二〇一八年、初版一九九七年）
児玉幸多・坪井清足編　『日本城郭大系　第一一巻　京都・滋賀・福井』（新人物往来社、一九八〇年）
小林健太郎　「観音寺城下断章」（『近江の城』四四、一九九四年）

佐藤進一他編　『中世法制史料集三　武家家法Ⅰ』（岩波書店、一九七三年）
清水克行　『戦国大名と分国法』（岩波新書、二〇一八年）
新谷和之編　『近江六角氏』（戎光祥出版、二〇一五年）
新谷和之　『戦国期六角氏権力と地域社会』（思文閣出版、二〇一八年）
新谷和之　「戦国期近江三雲氏の動向―大名権力と惣国一揆の接点―」（『市大日本史』二三、二〇二〇年）
新谷和之　「一乗谷城の縄張構造」『一乗谷朝倉氏遺跡資料館紀要二〇一九』（二〇二一年）
鈴木正貴・仁木宏編　『天下人信長の基礎構造』（高志書院、二〇二一年）
千田嘉博　『織豊系城郭の形成』（東京大学出版会、二〇〇〇年）
千田嘉博　『戦国の城を歩く』（ちくま学芸文庫、二〇〇九年、初版二〇〇三年）
千田嘉博・矢田俊文編　『都市と城館の中世―学融合研究の試み―』（高志書院、二〇一〇年）
高田　徹　『近江の平城』（サンライズ出版、二〇二一年）
高橋昌明　「「観音寺城跡を守る会」の結成とその運動について」（『日本史研究』一八四、一九七七年）
田中政三　『近江源氏　一巻　まぼろしの観音寺城』（弘文堂書店、一九七九年）
中世学研究会編　『城と聖地―信仰の場の政治性―』（高志書院、二〇二〇年）
鶴崎裕雄　『戦国の権力と寄合の文芸』（和泉書院、一九八八年）
中井　均　「安土城築城前夜―主として寺院からみた石垣の系譜―」（『織豊城郭』三、一九九六年）
中井　均　『近江の城―城が語る湖国の戦国史―』（サンライズ出版、一九九七年）
中井　均監修　『図解　近畿の城郭』Ⅰ～Ⅴ（戎光祥出版、二〇一四～二〇一八年）
中井　均編　『近江の山城を歩く』（サンライズ出版、二〇一九年）
中井　均・内堀信雄編　『東海の名城を歩く　岐阜編』（吉川弘文館、二〇一九年）
中井　均　『中世城館の実像』（高志書院、二〇二〇年）
中井　均　『戦国期城館と西国』（高志書院、二〇二一年）
中井　均　『戦国の城と石垣』（高志書院、二〇二二年）
中井　均先生退職記念論集刊行会編　『城郭研究と考古学』（サンライズ出版、二〇二一年）

仲川　靖　「史跡観音寺城跡　源三谷試掘調査の成果と今後の課題」『研究紀要』九（安土城郭調査研究所、二〇〇三年）
長澤伸樹　『楽市楽座はあったのか』（平凡社、二〇一九年）
中西裕樹　「城郭遺構論からみた山岳寺院利用の城郭―戦国期城郭における削平地の配置場所―」（『城館史料学』二、二〇〇四年）
仲村　研　『中世惣村史の研究―近江国得珍保今堀郷―』（法政大学出版局、一九八四年）
仁木　宏・福島克彦編　『近畿の名城を歩く　滋賀・京都・奈良編』（吉川弘文館、二〇一五年）
西島太郎　『戦国期室町幕府と在地領主』（八木書店、二〇〇六年）
畑井　弘　『守護領国体制の研究―六角氏領国に見る畿内近国的発展の特質―』（吉川弘文館、一九七五年）
林　博通先生退任記念論集刊行会編　『琵琶湖と地域文化』（サンライズ出版、二〇一一年）
早島大祐編　『中近世武家菩提寺の研究』（小さ子社、二〇一九年）
平山　優　『武田氏滅亡』（角川書店、二〇一七年）
深谷幸治　『中近世の地域と村落・寺社』（吉川弘文館、二〇二〇年）
福島克彦　『畿内・近国の戦国合戦』（吉川弘文館、二〇〇九年）
前川　要　「中世近江における寺院集落の諸様相」（『日本考古学』一九、二〇〇五年）
松下　浩　「観音寺城の構造」（『織豊城郭』一六、二〇一六年）
宮島敬一　『戦国期社会の形成と展開―浅井・六角氏と地域社会―』（吉川弘文館、一九九六年）
宮島敬一　『浅井氏三代』（吉川弘文館、二〇〇八年）
村井毅史　「観音寺城の存在形態」『紀要』一三（滋賀県文化財保護協会、二〇〇〇年）
村井祐樹編　『戦国遺文　佐々木六角氏編』（東京堂出版、二〇〇九年）
村井祐樹　『戦国大名佐々木六角氏の基礎研究』（思文閣出版、二〇一二年）
村井祐樹　「『戦国遺文　佐々木六角氏編』補遺編」（『近江地方史研究』四六、二〇一六年）
村井祐樹　『六角定頼―武門の棟梁、天下を平定す―』（ミネルヴァ書房、二〇一九年）
村田修三　「観音寺城跡の保存問題について」（『日本史研究』一七四、一九七七年）
村田修三　「城郭史上の観音寺城」（『観音寺城と佐々木六角氏』四、一九八一年）
村田修三編　『図説　中世城郭事典』二（新人物往来社、一九八七年）

村田修三「観音寺城跡と絵図」（『近江の城』四四、一九九四年）
山田康弘『足利義稙―戦国に生きた不屈の大将軍―』（戎光祥出版、二〇一六年）
山田康弘『足利義輝・義昭―天下諸侍、御主に候―』（ミネルヴァ書房、二〇一九年）
『安土城への道―聖地から城郭へ―』（滋賀県立安土城考古博物館、二〇一四年）
『安土町史　史料編1』（安土町教育委員会、一九八三年）
『栄順寺文書目録・木瀬家文書目録』（滋賀県教育委員会、二〇〇八年）
『近江蒲生郡志』一～一〇（蒲生郡役所、一九二二年）
『近江源氏と沙々貴神社―近江守護佐々木一族の系譜―』（滋賀県立安土城考古博物館、二〇〇二年）
『近江の城を掘る』（滋賀県立安土城考古博物館、二〇一七年）
『近江八幡市埋蔵文化財発掘調査報告書』35（近江八幡市教育委員会、一九九九年）
『近江八幡の歴史』六（近江八幡市、二〇一四年）
『近江日野の歴史』二（日野町、二〇〇九年）
『新修　大津市史　第二巻　中世』（大津市、一九七九年）
『景清道を訪ねて―安土から五個荘へ―』（滋賀県教育委員会、二〇一二年）
『観音寺城跡』（滋賀県教育委員会、二〇〇〇年）
『観音寺城跡―江南の雄　六角氏―』（滋賀県教育委員会、二〇一一年）
『観音寺城跡整備調査報告書』（滋賀県教育委員会、一九七一年）
『観音寺城下町遺跡・上出B遺跡・老蘇遺跡』（滋賀県教育委員会、二〇〇〇年）
『観音寺城と佐々木六角』（滋賀県立安土城考古博物館、一九九五年）
『観音正寺文書目録』（滋賀県教育委員会、二〇〇五年）
『五個荘町史』一（五個荘町、一九九二年）
『金剛寺遺跡・金剛寺城跡』（滋賀県教育委員会、一九九五年）
『沙々貴神社文書目録』（滋賀県教育委員会、二〇〇二年）
『慈恩寺・金剛寺遺跡』（滋賀県教育委員会、一九九三年）

『滋賀県中世城郭分布調査報告書』一〜一〇（滋賀県教育委員会、一九八三〜一九九二年）
『史跡観音寺城跡石垣基礎調査報告書』（滋賀県教育委員会、二〇一二年）
『史跡観音寺城跡調査整備基本構想・基本計画報告』（滋賀県教育委員会、二〇〇八年）
『史跡観音寺城跡保存管理計画報告書』（滋賀県教育委員会、二〇〇六年）
『守護所・戦国城下町を考える　（第2分冊）守護所・戦国城下町集成』（守護所シンポジウム@岐阜研究会、二〇〇四年）
『戦国時代の近江・京都―六角氏だってすごかった!!―』（滋賀県立安土城考古博物館、二〇一二年）
『戦国の城―安土城への道』（滋賀県立安土城考古博物館、二〇〇九年）
『能登川の歴史』二（東近江市、二〇一三年）
『八日市市史』二（八日市市役所、一九八三年）
『忘れられた霊場をさぐる　2　―山寺のうつりかわり―近江南部の山寺をさぐる―　報告集』（栗東市教育委員会・財団法人栗東市文化体育振興事業団、二〇〇七年）

佐々木六角氏・観音寺城関連年表

西暦	元号	月	事項
一一九〇	建久元	四月	源頼朝、上洛の途上に佐々木定綱の小脇館を訪れる。
一一九一	建久二	四月	佐々木荘をめぐる延暦寺方との抗争により、佐々木定綱らが流罪に処される。
一二二一	承久三	七月	佐々木広綱、承久の乱で後鳥羽方についたため処刑。信綱が惣領となる。
一二三八	嘉禎四	十月	九条頼経、上洛の途上に佐々木信綱の小脇館を訪れる。
一二四一	仁治三	三月	佐々木信綱死去。泰綱が惣領となる。
一三三三	元弘三	五月	観音寺が光厳天皇、花園・後伏見両上皇の行宮となる。
一三三五	建武二	一月	観音寺で中宮安産の誦経が行われる。
一三三六	建武三	一月	六角氏頼、観音寺城に籠もり、北畠顕家の軍勢と戦う。
一三五一	観応二	一月	六角氏頼、足利直義のもとに降る。
一三五一	観応二	九月	六角直綱、観音寺城を退城する。山内定詮が直義方を城内に引き入れる。
一三六〇	延文五	九月	六角氏頼、仁木義長の軍勢と甲賀で戦う。
一三六一	康安元	一月	六角氏頼、寂室元光を開山として永源寺を建立する。
一三七七	永和三	九月	六角高詮、満高の後見役の任を解かれる。
一三七九	康暦元	三月	六角満高、足利義満の命により、京極高秀を犬上郡甲良荘に攻める。
一三九三	明徳四	一月	六角満高、長野氏と共に北畠顕泰と鈴鹿郡にて戦う。
一三九九	応永六	十一月	六角満高、京極高詮と共に堺の大内義弘を攻める。
一四一〇	応永十七	十二月	六角満高、足利義持から近江守護職を剥奪される。
一四一五	応永二十二	四月	六角満綱、京極・仁木・土岐と共に北畠満雅を攻める。
一四三三	永享四	三月	観音寺と山前南荘との間で轍山の用益をめぐる相論が起き、幕府の裁定を受ける。
一四三六	永享六	十月	六角満綱、足利義教の命により延暦寺を攻める。
一四四一	嘉吉元	九月	近江で徳政一揆が起き、六角満綱は近江へ逃れる。
一四四四	文安元	七月	六角持綱に反抗する被官人一揆が起き、持綱は大原氏のもとに逃れる。
一四四六	文安三	九月	六角久頼、京極持清と共に六角時綱を滅ぼす。
一四五六	康正二	十月	六角久頼、憤死する。
一四六〇	長禄四	七月	六角政堯、重臣伊庭氏の子を殺害する。
一四六七	応仁元	五月	京極氏、観音寺城を攻め、伊庭氏を討ち取る。
一四六八	応仁二	三月	京極勝秀、六角高頼の籠もる観音寺城を攻め落とす。
一四六九	文明元	八月	観音寺城、京極方に攻め落とされる。
一四七〇	文明二	二月	観音寺馬場にて合戦が起きる。

一四七一	文明三	十一月	六角政堯、清水城にて自刃する。
一四八〇	文明十二	十一月	六角高頼、斎藤利国・利綱勢を応援するため美濃に派兵するが、敗北する。
一四八三	文明十五	六月	六角高頼、大膳大夫に任官される。
一四八七	長享元	九月	足利義尚、六角高頼を攻めるため近江に向かう。
一四九一	延徳三	八月	足利義稙、六角高頼を攻めるため近江に向かう。
一四九五	明応三	十月	山内就綱、延暦寺とともに六角高頼を攻める。
一四九六	明応五	十二月	斎藤利国、金剛寺に在陣し、六角高頼を観音寺城に攻める。
一五〇二	文亀二		伊庭貞隆、六角高頼のもとを離れ、細川政元らと連携して高頼を攻める。
一五〇三	文亀三	六月	六角高頼と伊庭貞隆、細川政元の取り成しで和睦する。
一五〇五	永正二	六月	六角氏綱、京極氏の家督内紛において、京極材宗への援軍を派遣する。
一五一四	永正十一	二月	伊庭貞隆・貞説、再び六角氏のもとを離れる。
一五二〇	永正十七	七月	六角定頼、九里氏の水茎岡山城を攻め落とす。
一五二二	大永二	七月	六角定頼、蒲生秀紀を音羽城に攻める。
一五二四	大永四	四月	宗長、近江を訪れ、六角氏家臣たちと連歌を行う。
一五二五	大永五		六角定頼、浅井亮政・京極高清らと戦う。
一五二七	大永七	二月	六角定頼、足利義晴と義維の合戦で義晴方への援軍を派遣する。
一五二八	享禄元	八月	六角定頼、京極高広と高慶の合戦で高広方を支援する。
一五三〇	享禄四	四月	六角定頼と浅井亮政、箕浦において戦う。
一五三二	天文元	八月	六角定頼、法華宗徒とともに山科本願寺を焼き討ちする。
一五三二	天文元	八月	足利義晴、桑実寺縁起絵巻を桑実寺に奉納する。
一五三五	天文四	十一月	六角定頼、足利義晴室の御産所を新築する。
一五三六	天文五	七月	六角定頼、延暦寺の勢力とともに法華宗徒を京都に攻める。
一五三七	天文六	八月	六角定頼、近江国守護に補任される。
一五三八	天文七		六角定頼、京極高広・浅井亮政と佐和山にて戦う。
一五四〇	天文九	八月	六角義賢、北伊勢の長野氏を攻める。
一五四四	天文十三	十月	宗牧、観音寺城を訪れる。
一五四六	天文十五	十二月	六角定頼、足利義輝元服の加冠役をつとめる。
一五四七	天文十六	六月	六角定頼、法華宗徒と延暦寺の調停を行う。
一五四九	天文十八	十二月	六角定頼、石寺新市を楽市とする。
一五五〇	天文十九	十月	六角義賢、三好長慶と五條にて戦う。
一五五二	天文二十一	八月	六角義賢、浅井・京極勢と北近江にて戦う。

一五五六	弘治二		六角義賢、観音寺城の石垣普請を命じる。
一五五七	弘治三	三月	六角義賢、伊勢に侵攻する。
一五五八	永禄元	六月	六角義賢、三好長慶と京都白川口にて戦う。
一五六〇	永禄三	八月	六角義賢・義治、浅井長政と愛知郡にて戦う。
一五六一	永禄四	三月	六角義賢・義治、佐和山城を攻め取る
一五六一	永禄四		六角義賢・義治、畠山高政とともに三好氏と対陣する。
一五六三	永禄六	十月	六角義治、後藤賢豊を殺害する。重臣らは観音寺城内の屋敷を引き払い、本拠へ戻る。
一五六六	永禄九	五月	六角義賢・義治、浅井氏に内通する家臣と布施山にて戦う。
一五六六	永禄十	四月	六角義賢・義治、重臣らが起草した六角氏式目の遵守を誓約する。
一五六七	永禄十一	六月	六角義賢・義治、織田信長の侵攻により観音寺城を追われる。
一五七〇	元亀元	六月	六角義賢・義治、近江南部の各地で反信長の一揆を催す。
一五七〇	元亀元	十一月	六角義賢・義治、織田信長と和睦する。
一五七三	天正元	九月	六角義治、鯰江城に籠って織田信長と戦うも、降伏する。
一五七四	天正二	四月	六角義賢、石部城より退城する。
一五八二	天正十	四月	織田信長、大原高定をかくまったとして甲斐恵林寺の僧侶らを焼き殺す。
一五九八	慶長三	三月	六角義賢、死去。
一六〇五	慶長十		観音正寺、山上に本尊仮堂を造営する。
一六一二	慶長十七	十月	六角義治、加茂にて死去。
一六四四～四八	正保年間		観音正寺、本堂を造立する。
一七六六	明和三	六月	桑実寺と観音正寺の間で山論が起きる。
一八八二	明治十五		観音正寺、彦根城欅御殿を移築して本堂を造営する。
一九六九	昭和四十四	十一月	観音寺城跡の発掘調査開始（～昭和四十六年三月）。
一九七七	昭和五十二	七月	観音寺城跡を守る会が結成される。
一九八二	昭和五十七	一月	観音寺城跡、国史跡に指定される。
一九九三	平成五		観音正寺本堂、火災で焼失する。
二〇〇四	平成十六		観音正寺本堂、再興される。
二〇〇六	平成十八	三月	史跡観音寺城跡保存管理計画が策定される。
二〇〇六	平成十八	四月	観音寺城、日本一〇〇名城に選定される。
二〇〇八	平成二十	三月	史跡観音寺城跡調査整備基本構想・基本計画が策定される。

【著者略歴】

新谷和之（しんや・かずゆき）

1985年生まれ。

大阪市立大学文学部卒。

大阪市立大学大学院文学研究科前期博士課程修了。

大阪市立大学大学院文学研究科後期博士課程単位取得退学。

現在、近畿大学文芸学部准教授。

主な著作に『戦国期六角氏権力と地域社会』（思文閣出版、2018年）、『近江六角氏』（戎光祥出版、2015年、編著）、「城郭遺構の保存と活用」（『歴史学研究』1002、2020年）など多数。

図説《ずせつ》 六角氏《ろっかくし》と観音寺城《かんのんじじょう》 〝巨大山城《きょだいやまじろ》〟が語《かた》る激動《げきどう》の中世史《ちゅうせいし》

2023年1月10日　初版初刷発行

著　者　新谷和之
発行者　伊藤光祥
発行所　戎光祥出版株式会社
〒102-0083 東京都千代田区麹町1－7 相互半蔵門ビル8F
TEL：03-5275-3361（代表）　FAX：03-5275-3365
https://www.ebisukosyo.co.jp
印刷･製本　株式会社シナノパブリッシングプレス
装　　丁　堀 立明

ISBN 978-4-86403-458-6

好評の関連書籍

図説 徳川家康と家臣団
平和の礎を築いた稀代の〝天下人〟

編著：小川雄・柴裕之

数々の合戦や危機をくぐり抜け、長きにわたる泰平の世を招来した稀代の天下人・徳川家康とそれを支えた一族や家臣団について最新研究でわかりやすく解説。

A5判／並製／190頁／2,200円（税込）

【本書の目次】

好評の関連書籍

図説 武田信玄
クロニクルでたどる〝甲斐の虎〟

著者：平山 優

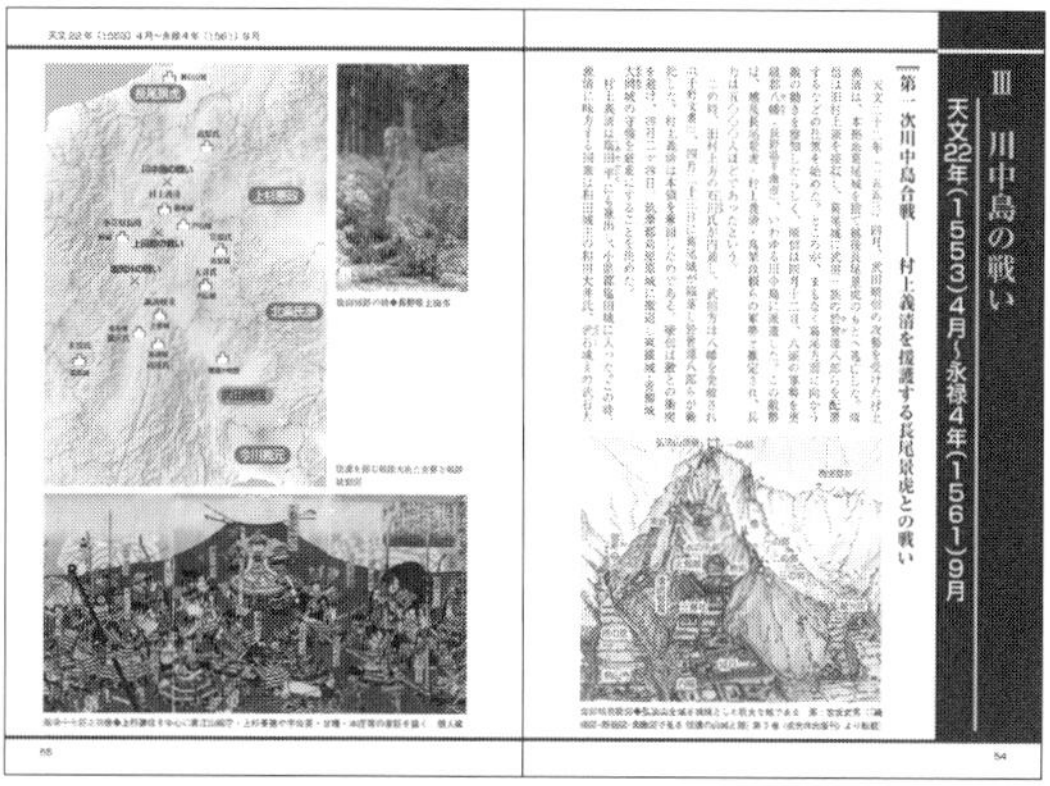

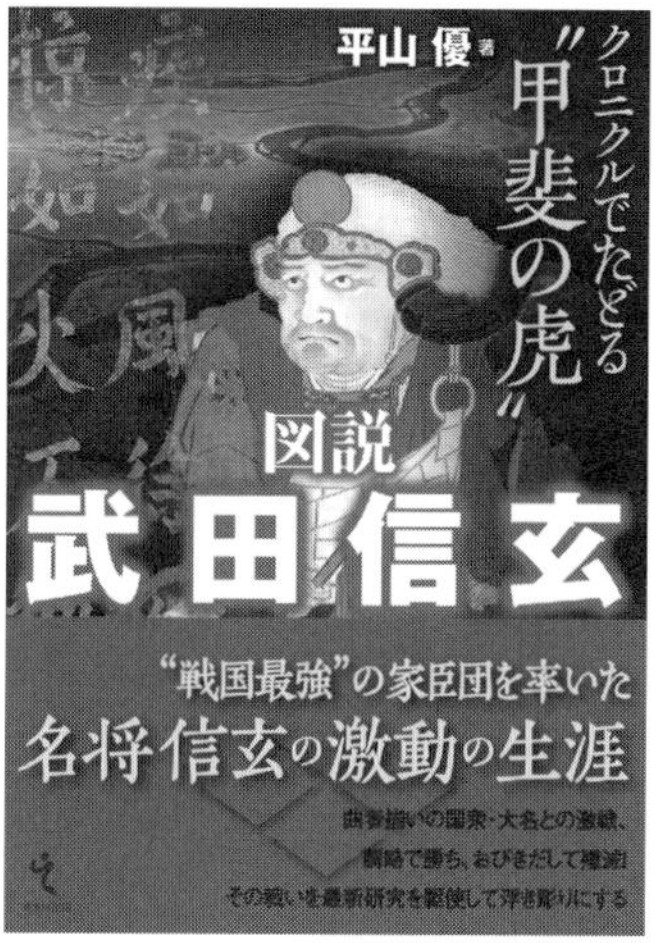

最新の研究成果を駆使して名将の生涯を浮き彫りにする乾坤一擲の決定版。
数百枚におよぶ史跡写真や立体的なジオラマ、さらに4ページにまたがる甲斐信濃地図など図版も豊富！

A5判／並製／182頁／1,980円（税込）

【本書の目次】